초등학생을 위한

세상을 놀라게 한 100명의 사람들

세상을 놀라게 한 100명의 사람들

2019년 2월 21일 초판 1쇄 펴냄

펴낸곳 꿈소담이 **펴낸이** 이준하
글 고수산나 **그림** 송영훈 **책임미술** 박지영

주소 (우)02835 서울시 성북구 성북로 66 성북동빌딩 3층 302호
전화 747-8970
팩스 747-3238
등록번호 제6-473호.(2002. 9. 3)

홈페이지 www.dreamsodam.co.kr
북카페 cafe.naver.com/sodambooks
전자우편 isodam@dreamsodam.co.kr

ISBN   978-89-5689-172-9 74990
　　　　978-89-5689-035-7 (세트)

ⓒ고수산나, 2019
- 책 가격은 뒤표지에 있습니다.
- 소담주니어는 ㈜꿈소담이의 어린이 교양 학습 전문 브랜드입니다.
- 이 도서의 국립중앙도서관 출판예정도서목록(CIP)은 서지정보유통지원시스템 홈페이지 (http://seoji.nl.go.kr)와 국가자료종합목록시스템(http://www.nl.go.kr/kolisnet)에서 이용하실 수 있습니다.(CIP제어번호: CIP2019005230)

초등학생을 위한

세상을 놀라게 한 100명의 사람들

고수산나 글 · 송영훈 그림

머리말

장애와 차별과 편견을 걸림돌이 아닌 삶의 디딤돌로 삼아 세상을 변화시킨 사람들의 놀라운 이야기!

우리는 날마다 세상에서 일어난 놀라운 뉴스를 듣습니다.

새로운 사실이 알려지고, 새로운 것들이 발명되면서 인간의 삶은 하루하루가 달라지고 있습니다. 꿈꾸었던 것들이 현실로 이루어지며 사람들은 더 새로운 것, 더 놀라운 것을 꿈꾸며 도전하지요.

남들이 생각하지 못한 것, 생각은 했지만 해 볼 엄두도 내지 못했던 일들, 세상에 없던 것을 만들어 내고, 잘못된 것을 바로잡아 준 사람들 덕분에 인류의 역사는 발전되어 왔습니다.

인류의 역사는 이렇게 세상을 깜짝 놀라게 해서 바꿔 놓은 인물들과 함께 발전해 온 셈이지요.

많은 사람들이 세상을 바꿀 놀라운 일들을 했지만 늘 세상 사람들에게 환영받고 존경받는 것은 아니었습니다.

때로는 비난을 받기도 하고 때로는 무시당하거나 죽을 때까지 인정받지 못하는 경우도 있었습니다. 하지만 그들은 자신의 믿음과 신념과 노력을 포기하지 않았습니다. 그들은 자신의 신념과 노력을 위해 최선을 다했기 때문에 인류는 더 발전되고 편리한 삶을 살고 있습니다.

많은 사람들이 자신이 가진 장애와 차별, 어려움을 이겨 내고 꿈을 이루었습니다. 어쩌면 그들의 장애와 남들의 편견 그리고 차별적 대우가 스스로를 더 굳세게 만들어 주었고, 스스로에게 더 강한 의지를 심어 주었을 것입니다.

세상을 놀라게 해서 인류의 역사를 새로 쓴 사람들은 장애와 차별과 편견을 걸림돌이 아닌 디딤돌이 되도록 만들었던 것이지요.

이 책을 읽는 여러분도 세상을 바꿀 놀라운 일을 해낼 인물이 될 수 있습니다. 우리 모두에게 특히 어린이 친구들 모두에게는 이들과 같은 잠재력과 가능성이 있기 때문입니다. 여러분이 어떤 것을 발견하게 될지 무엇을 만들어 내게 될지 그것은 아무도 알 수 없습니다.

나는 똑똑하지 못해서, 혹은 집안 형편이 어려우니까, 나는 몸이 건강하지 못한데도 그런 위대한 일을 할 수 있을까 하는 걱정은 할 필요가 없습니다. 여러분들이 이 책을 읽다 보면 훨씬 더 힘든 상황에서도 멋진 일들을 해낸 사람들이 많다는 것을 알게 될 테니까요.

이 책에는 자신이 가지고 있는 여러 가지 장애와 남들의 편견을 이겨 내고 세상을 놀라게 한 위대한 업적을 이룬 100명의 인물들의 이야기가 있습니다. 100명의 인물들이 들려주는 이야기에 귀를 기울여 보세요. 우리는 그들의 삶 속에서 용기와 끈기, 의지와 열정을 배울 수 있을 것입니다. 그리고 이 책을 읽고 배운 것들이 여러분의 삶을 놀랍게 변화시킬 수도 있을 것입니다.

여러분은 세상을 어떻게 놀랍게 변화시키는 사람이 되고 싶나요?

세상을 놀라게 할 어린이들을 기대하며 **고수산나**

차 례

신체장애를 이겨 낸 사람들

루이 브라유[1] ················ 16

닉 부이치치[2] ················ 18

스티븐 호킹[3] ················ 20

프랭클린 루스벨트[4] ········· 22

루트비히 판 베토벤[5] ········ 24

오귀스트 르누아르[6] ········· 26

아르투로 토스카니니[7] ······ 28

프리다 칼로[8] ················ 30

아베베 비킬라[9] ·············· 32

윌마 루돌프[10] ················ 34

장 도미니크 보비[11] ·········· 36

스티비 원더[12] ················ 38

헬렌 켈러[13] ·················· 40

꼬리를 무는 PLUS 인물

앤 설리번[14] ·················· 42

정신 장애를 이겨 낸 사람들

아이작 뉴턴[15] ················ 44

스티븐 스필버그[16] ··········· 46

게오르크 프리드리히 헨델[17] ·· 48

마이클 펠프스[18] ·············· 50

윈스턴 처칠[19] ················ 52

찰스 다윈[20] ··················· 54

인종과 성차별에 맞선 사람들

무하마드 알리[21] ·············· 58

박에스더[22] ···················· 60

김만덕[23] ······················· 62

선덕 여왕[24] ··················· 64

넬슨 만델라[25] ················· 66

캐서린 존슨[26] ················· 68

마틴 루서 킹[27] ················ 70

소피 제르맹[28] ················· 72

소서노[29] ······················· 74

새로운 시작으로 세상을 바꾼 사람들

팀 버너스 리 38 ················ 94

란트 슈타이너 39 ················ 96

지그문트 프로이트 40 ················ 98

니콜라스 코페르니쿠스 41 ··· 100

빌헬름 뢴트겐 42 ················ 102

그레고어 멘델 43 ················ 104

닐 암스트롱 44 ················ 106

딕 포스베리 45 ················ 108

알로이스 알츠하이머 46 ········ 110

백남준 47 ················ 112

파블로 피카소 48 ················ 114

클로드 모네 49 ················ 116

알프레트 베게너 50 ················ 118

이그나츠 필립 제멜바이스 51 ··· 120

레이첼 카슨 52 ················ 122

나이의 한계를 뛰어넘은 사람들

도리스 해덕 30 ················ 78

미야자키 히데키치 31 ················ 80

이크발 마시흐 32 ················ 82

말랄라 유사프자이 33 ················ 84

조너선 리 34 ················ 86

안네 프랑크 35 ················ 88

해리 리버만 36 ················ 90

꼬리를 무는 PLUS 인물

모제스 할머니 37 ·············· 92

실패를 딛고 일어선 사람들

알프레드 노벨53 ·················· **126**

김순권54 ························ **128**

에이브러햄 링컨55 ················ **130**

스펜서 실버56 & 아서 프라이57 ······ **132**

이순신58 ························ **134**

라이트 형제 ····················· **136**
윌버 라이트59 & 오빌 라이트60

로알 아문센61 ···················· **138**

김대중62 ························ **140**

제인 구달63 ····················· **142**

꼬리를 무는 PLUS 인물
다이앤 포시64 ················ **144**

세상을 즐겁게 만든 사람들

조지 니센65 ····················· **146**

조르주 드 메스트랄66 ············· **148**

니콜라 아페르67 ·················· **150**

아서 코넌 도일68 ················· **152**

월트 디즈니69 ··················· **154**

미야자키 하야오70 ················ **156**

올레 키르크 크리스티안센71 ········ **158**

뤼미에르 형제 ·················· **160**
오귀스트 뤼미에르72 & 루이 뤼미에르73

윌리스 캐리어74 ·················· **162**

꼬리를 무는 PLUS 인물
스카일러 휠러75 ··············· **164**

학력과 가정 형편을 극복한 사람들

가브리엘 샤넬 76 166

마이클 패러데이 77 168

칭기즈 칸 78 170

마리 퀴리 79 172

헨리 포드 80 174

장 앙리 파브르 81 176

레오나르도 다 빈치 82 178

찰리 채플린 83 180

마이클 잭슨 84 182

앤드루 카네기 85 184

꼬리를 무는 PLUS 인물
찰스 슈와브 86 186

아스트리드 린드그렌 87 187

꼬리를 무는 PLUS 인물
조앤 K. 롤링 88 189

발명으로 세상을 놀라게 한 사람들

르네 라에네크 89 192

채륜 90 194

펠릭스 호프만 91 196

존 하이엇 92 198

프레더릭 밴팅 93 200

월리스 캐러더스 94 202

리바이 스트라우스 95 204

세종 대왕 96 206

알렉산더 그레이엄 벨 97 208

꼬리를 무는 PLUS 인물
안토니오 메우치 98 210

에드워드 제너 99 211

꼬리를 무는 PLUS 인물
지석영 100 213

신체장애를 이겨 낸 사람들

신체장애를 가진 사람들 중에는 자신의 장애를 이겨 내고
장애가 없는 사람도 하기 힘든 일들을 해내기도 합니다.
장애가 없는 사람보다 조금 더 시간이 걸리고
조금 더 많은 노력이 필요할 뿐이지
할 수 없는 것은 아니기 때문입니다.

점자를 만들어 낸 시각 장애인
루이 브라유 1809~1852

앞을 볼 수 없는 시각 장애인도 책을 읽을 수 있어요. 올록볼록 도드라진 형태의 글자인 점자 덕분이지요. 점자는 책뿐만 아니라 안내판이나 경고문에 많이 사용되어 시각 장애인들의 눈이 되어 주고 있어요.

시각 장애인을 위한 점자는 역시 시각 장애인인 프랑스의 루이 브라유가 만들었어요. 루이 브라유의 아버지는 말의 안장과 재갈 등 말에 쓰이는 물건들을 만드는 사람이었어요. 루이의 아버지의 작업실에는 가죽과 망치, 송곳 등 작업에 필요한 도구들이 많았지요.

루이는 세 살 때 아버지의 작업실에서 송곳을 가지고 놀다가 그만 왼쪽 눈을 찔렀어요. 왼쪽 눈은 보이지 않게 되었고 네 살 때는 오른쪽 눈마저 감염이 되어 영영 앞을 볼 수 없게 되었지요. 네 살 꼬마 아이는 시각 장애인이 되었지만 손끝으로 만져 보며 세상을 알아 가는 법을 배웠어요.

앞은 보이지 않았지만 똑똑했던 루이는 왕립 맹아 학교에 다니게 되었어요. 그 당시에도 실제 글자를 새겨 만든 시각 장애인들의 글자가 있었어요. 하지만 글자 크기가 너무 크고 비슷한 글자는 헷갈리기 쉬워 시각 장애인들이 쓰기가 불편했어요. 또 군인들이 어둠 속에서도 명령을 전달하고 받을 수 있도록 만든 야간 문자도 있었어요. 12개의 점으로 돋을새김한 글자였는데 루이도 쉽게 배울 수 있었어요. 하지만 루이는 이것도 역시 일상생

시각 장애인 視覺障礙人
선천적 또는 후천적으로 시각에 이상이 생겨 앞을 보지 못하는 사람. 또는 시력이 아주 약해 잘 보지 못하는 사람.

視 볼 **시**
覺 깨달을 **각**
障 막을 **장**
礙 거리낄 **애**
人 사람 **인**

점자 點字
손가락으로 더듬어 읽도록 볼록한 점들을 일정한 방식으로 짜 모아 부호처럼 만든 시각 장애인용 문자.

點 점 **점**
字 글자 **자**

돋을새김
물체의 한쪽 면에 볼록하게 모양을 새기는 것.

활에서 사용하기에는 불편하다고 느꼈지요.

  루이는 이 야간 문자를 이용해 3년 넘게 점자를 연구했어요. 드디어 여섯 개의 점만으로 알파벳 스물여섯 글자를 표시하는 새로운 방법을 만들어 냈지요.

  루이의 새로운 점자는 간단해서 시각 장애인들이 쉽게 배워 읽을 수 있었어요. 루이 브라유는 자신의 눈을 잃게 만든 송곳으로 글자를 돋을새김해서 새로운 글자를 만들어 낸 것이지요.

  루이 브라유는 스물여섯 살에 결핵에 걸려 17년간 병과 싸워야 했어요. 하지만 자신과 같은 시각 장애인을 위해 몸을 아끼지 않고 점자 체계를 완성하는 데 일생을 바쳤어요. 마흔세 살의 나이에 세상을 떠났지만, 전 세계 1억 8천 명이 넘는 시각 장애인들에게 빛이 되어 주었답니다.

루이 브라유가 만든 점자표

사람들에게 희망을 전하는 작가

닉 부이치치 1982~

오스트레일리아에서 태어난 닉 부이치치는 태어날 때부터 팔과 다리가 없었어요. 닉의 부모도 태어난 아기를 보고 깜짝 놀랐다고 해요.

어린 시절, 다른 사람들과 다른 몸을 가진 닉은 무척 속상했어요. 친구들의 놀림도 많이 받았고, 여덟 살 때부터 자살을 생각할 정도로 우울증에 시달렸어요. 팔과 다리가 생기게 해 달라고 간절히 기도를 하기도 했다고 해요.

하지만 닉의 부모는 그럴 때마다 "너는 신체의 일부가 없을 뿐이지 정상이다.", "최선을 다하고 실패하더라도 계속 도전해." 하며 닉을 격려했지요.

어느 날, 닉은 신문에서 신체장애가 있는 남성이 차별과 편견에 힘들어하는 기사를 보게 되었어요. 닉은 그 기사를 보고 자신만 이런 고통을 당하는 것이 아니라는 것을 알고 위로를 받았어요. 그리고 용기를 얻어 장애가 없는 사람들처럼 살기 위해 노력하게 되었지요.

닉은 오스트레일리아의 장애인 최초로 일반 공립 학교에 다니게 되었어요. 다른 친구들과 똑같이 공부하고 똑같이 뛰놀려고 노력했지요. 친구들에게 인기 있는 사람이 되었고 학생 회장을 맡기도 했어요. 하반신 아래쪽에 있는 발가락으로 글씨를 쓰고 컴퓨터와 타자를 쳤지요. 대학을 졸업한 후로는 사람들에게 희망을 주는 강의를 하러 세계 곳곳을 다니고 있어요.

차별 差別
둘 이상의 대상을 차이를 두어 구별함.
差 다를 **차**
別 나눌 **별**

편견 偏見
공정하지 못하고 한쪽으로 치우친 생각.
偏 치우칠 **편**
見 볼 **견**

하반신 下半身
몸의 아래쪽 절반이 되는 허리 아래의 부분.
下 아래 **하**
半 반 **반**
身 몸 **신**

포기 抛棄
하던 일을 중도에 그만둠.
抛 던질 **포**
棄 버릴 **기**

희망 希望
앞일에 기대를 가지고 잘되기를 바라는 마음.
希 바랄 **희**
望 바랄 **망**

닉 부이치치는 팔과 다리가 없지만 드럼을 연주하고, 골프도 치고, 서핑도 하고, 스케이트보드를 타고, 수영과 낚시도 즐기고 있어요. 결혼을 해서 두 아이의 아빠이기도 하지요.

닉은 사람들에게 꿈과 희망을 잃지 말라고 이야기해요.

"자신이 얼마나 행복한 사람인지 깨달아야 해요. 넘어지면 다시 일어서면 된답니다. 실패하고 좌절해도 포기하지 마세요."

그는 많은 사람들에게 신체장애를 이겨 내고 살아가는 자신의 모습을 통해 희망의 메시지를 전하고 있답니다.

루게릭병을 이겨 내고 우주를 연구한 물리학자

스티븐 호킹 1942~2018

세계적인 천재 물리학자 하면 사람들은 뉴턴과 아인슈타인을 떠올려요. 그 뒤를 잇는 천재 물리학자가 있다면? 사람들은 영국의 스티븐 호킹을 말하지요.

스티븐 호킹은 옥스퍼드 대학교를 졸업하고 케임브리지 대학교에서 박사 과정을 공부했어요. 케임브리지 대학에서 공부를 하던 중 루게릭병 진단을 받았지요. 루게릭병이란 뇌에서 근육에 명령을 내리는 운동 신경 세포가 망가지는 병이에요. 근육이 말을 듣지 않고 힘이 없어져 걷지도 못하고 앉아 있지도 못하는 병이지요.

루게릭병에 걸린 스티븐 호킹은 큰 충격을 받았어요. 겨우 스물한 살이었는데 몇 년밖에 더 살 수 없다는 진단을 받았으니까요. 호킹은 절망했지만 자신의 삶을 포기하지 않았어요. 자신에게 시간이 많지 않다는 것 때문에 더 열심히 부지런히 공부하고 노력한 덕분에 박사 학위를 받고 물리학 공부도 더 했어요. 하지만 병을 막을 수는 없었어요.

결국 루게릭병이 점점 심해진 호킹은 휠체어에 앉아야 했고 목소리까지 잃었어요. 특수 장치의 도움을 받아 손가락과 눈썹을 움직여 사람들과 대화하고 글을 썼지요.

그의 몸은 휠체어 안에서조차도 움직이기 힘들었지만 그의 생각은 우주를 들여다보았어요. 블랙홀과 우주에 관한 여러 가지 이론을 세웠고 그동안 사람들이 알고 있던 내용을 완전히 뒤

우주 宇宙
모든 천체를 포함하는 공간.
宇 집**우**
宙 집**주**

인공 지능 人工知能
인간이 만든 지능으로 인간의 학습, 추리, 적응, 논증 따위의 지능을 갖춘 컴퓨터 시스템. (AI)
人 사람**인**
工 장인**공**
知 알**지**
能 능할**능**

블랙홀과 화이트홀?

블랙홀이란 중력이 너무 강해 빛을 포함한 모든 물질을 빨아들이는 구멍으로, 별이 죽어서 생긴다고 해요. 빛과 에너지, 모든 정보를 삼켜 버린다고 알려져 있었어요. 하지만 스티븐 호킹은 블랙홀에 빨려 들어간 정보나 에너지도 완전히 없어지지 않고 밖으로 다시 나올 수 있다고 주장했어요.

많은 과학자들이 블랙홀과 반대의 개념인 화이트홀이 있다고 믿고 있어요. 화이트홀은 블랙홀로 빨려 들어간 빛과 에너지, 물체들이 나오는 문이라고 하는데 아직은 이론상으로만 존재한답니다.

집기도 했지요. 호킹은 『시간의 역사』라는 책을 써서 일반 사람들도 쉽게 우주 과학에 대해 알 수 있게 했어요. 또한 외계인의 존재나 인간보다 똑똑한 인공 지능에 대해 경고를 하기도 했지요.

스티븐 호킹은 의사들의 예상과는 달리 55년이나 루게릭병과 싸우다 일흔여섯 살에 세상을 떠났어요. 아이작 뉴턴, 찰스 다윈 등 세계적인 과학자들과 함께 영국의 웨스트민스터 대성당에 묻혔답니다.

미국 항공 우주국 창립 50주년 기념 강의에서
딸 루시 호킹의 소개를 받고 있는 스티븐 호킹

소아마비를 이겨 낸 미국의 제32대 대통령

프랭클린 루스벨트 1882~1945

미국의 프랭클린 루스벨트는 철도 회사의 부사장이며 돈 많은 집안의 아버지와 역시 부잣집 딸인 어머니에게서 태어났어요. 어렸을 때부터 부유하게 자란 루스벨트는 하버드 대학교를 졸업하고 변호사가 되었지요.

정치에 관심이 있던 루스벨트는 국회의 상원 의원에 도전해 당선되었어요. 그의 앞을 가로막을 것은 없었지요. 부통령 후보에도 오를 만큼 정치적 능력도 뛰어났거든요.

그러던 1921년, 서른아홉 살의 나이에 소아마비에 걸리고 말았어요. 보통 어린아이들이 걸리는 소아마비에 걸린 루스벨트는 목 아래부터 전부 마비가 되었지요. 혼자서는 앉을 수도 없고 일어설 수도 없어서 휠체어에 의지해서 움직여야 했어요.

사람들은 모두 루스벨트의 정치 인생은 끝났다고 얘기했어요. 부잣집 아들로 태어나 어려움 없이 생활하며 명문대를 나와 상원 의원까지 했던 사람이 갑자기 장애인이 되었으니까요. 모두들 이겨 낼 수 없을 거라고 생각한 거예요.

하지만 루스벨트는 휠체어에서 내려 바닥을 기었어요. 몸을 조금이라도 움직이기 위해 재활 훈련을 시작한 것이지요. 자신의 모습을 부끄러워하지 않고 다른 사람 앞에 당당히 나섰어요. 하반신이 마비된 상태로 사람들 앞에서 훌륭한 연설을 하기도 했지요.

루스벨트는 7년간 소아마비에 맞서 혼자 일어서기 위해 끊임

부통령 副統領
대통령 중심제 국가에서 대통령 다음 직위. 또는 그 직위에 있는 사람.

副 버금 **부**
統 거느릴 **통**
領 거느릴 **령(영)**

소아마비 小兒痲痺
어린아이에게 많이 일어나는 운동 기능의 마비 질환.

小 작을 **소**
兒 아이 **아**
痲 저릴 **마**
痺 저릴 **비**

주지사 州知事
연방 국가에서 한 주의 행정 사무를 총괄하는 사람.

州 고을 **주**
知 알 **지**
事 일 **사**

불황 不況
경기가 좋지 않은 상태. 불경기.

不 아닐 **불**
況 상황 **황**

없이 자기 자신과 싸웠어요. 1928년에는 스스로 몸을 일으켜 뉴욕 주지사 선거에 나가 당선되었지요. 그리고 마침내 미국의 제32대 대통령이 되었어요.

루스벨트가 대통령일 때 미국은 극심한 불황에 시달리고 있을 때라 사람들이 힘든 삶을 살고 있었어요. 루스벨트는 가난한 국민들의 편에 서서 희망을 잃지 않고 살아가도록 여러 가지 정책을 펴 미국을 구해 냈지요.

루스벨트는 미국 역사상 유일하게 네 번이나 연속해서 대통령에 당선되는 영광을 누렸어요. 사람들은 그가 소아마비 장애를 이겨 낸 덕분에 더 강해지고 현명해졌다고 이야기한답니다.

미국 경제를 살린 '뉴딜 정책'

1920년대 미국에서는 공장이 문을 닫고 실업자가 많이 생기는 대공황이 발생했어요. 가난한 사람들이 너무 많아져 미국 경제가 휘청했지요. 그때 대통령이 된 루스벨트는 '뉴딜 정책'을 폈어요.

일반 노동자들이 소득을 얻을 수 있도록 국가사업을 많이 만들었어요. 그리고 노동자와 농민을 보호하기 위해 정부에서 강제로 여러 가지 정책을 만들었지요. 농작물 수요를 조절하고 가난한 농민들에게 농사지을 돈을 마련해 주었어요.

루스벨트 대통령은 뉴딜 정책을 통해 가난한 사람을 소비를 할 수 있는 중산층으로 만드는 데 힘썼어요. 덕분에 미국의 경기는 조금씩 회복되었고 대공황도 이겨 낼 수 있게 되었답니다.

음악의 황제라 불리는 독일의 음악가

루트비히 판 베토벤 1770~1827

피아노를 연주하고 음악을 작곡하는 사람이 갑자기 아무 소리도 듣지 못하게 된다면 어떨까요? 다른 사람도 아닌 음악가가 청각 장애인이 된다는 것은 어쩌면 가장 비극적인 일일 거예요.

하지만 그 비극을 이겨 내고 세계에서 가장 유명한 작곡가가 된 사람이 있어요. 모차르트와 함께 대중적으로 잘 알려진 위대한 음악가 베토벤이지요.

베토벤은 가난한 음악가 집안에서 태어났어요. 술주정꾼인 그의 아버지는 맏아들인 베토벤에게 엄격한 음악 교육을 시켰어요. 그 당시에 한창 모차르트가 천재라는 소리를 들으며 유럽에서 인기를 끌고 있었거든요. 베토벤의 아버지는 자신의 아들도 모차르트처럼 음악으로 돈을 벌게 할 욕심을 내고 있었어요. 음악에 재능이 있던 베토벤은 여러 음악가들에게서 공부를 한 후 결국 유명한 작곡가가 되었지요.

그런데 한창 인기 있는 작곡가로 커 가던 청년 시절 베토벤은 점점 청력을 잃게 되었어요. 40대 후반에는 소리를 아예 듣지 못하게 되었지만 베토벤은 작곡을 포기하지 않았어요.

베토벤은 자신의 운명과 싸우기로 마음먹고 들리지 않아도 작곡을 계속했어요. 건반 소리가 들리지 않아 피아노 위에 귀를 대고 그 진동을 느끼며 작곡을 해야 했지요.

그는 청각 장애인이 된 후에도 우리에게 잘 알려진 수많은 훌륭한 곡들을 만들어 냈어요. 특히 「합창 교향곡」은 베토벤이 소

청력 聽力
귀로 소리를 듣는 힘.
聽 들을 **청**
力 힘 **력(역)**

운명 運命
이미 정해진 생사나 처지.
運 옮길 **운**
命 목숨 **명**

환호성 歡呼聲
기뻐서 크게 부르짖는 소리.
歡 기쁠 **환**
呼 부를 **호**
聲 소리 **성**

리를 아예 듣지 못할 때 작곡한 곡이에요. 처음으로 「합창 교향곡」이 연주되었을 때 베토벤이 지휘를 마치자 어마어마한 환호성이 음악당을 가득 채웠어요. 하지만 소리를 듣지 못하는 베토벤은 가만히 서 있었어요. 연주회에서 노래를 부른 성악가가 관객들을 향해 베토벤을 돌려 세우자 그제야 관객들의 엄청난 환호를 보게 되었죠. 관객들 표정을 본 베토벤은 눈물을 흘렸다고 해요.

음악가로서 가장 큰 장애를 가졌지만 포기하지 않고 그것과 싸워 이긴 덕분에 베토벤은 역사상 가장 위대한 음악가로 남았답니다.

장애를 이겨 낸 인상파의 대표 화가

오귀스트 르누아르 1841~1919

그림을 그리는 화가가 손을 쓰지 못하게 된다면 어떨까요? 그렇다면 더 이상 그림을 그릴 수 없겠지요. 하지만 손가락이 안으로 굽어서 굳어 버린 상태에서도 악착같이 그림을 그린 사람이 있어요. 바로 프랑스의 화가 르누아르예요.

르누아르는 양복을 만드는 가난한 집에서 태어났어요. 르누아르도 돈을 벌어야 했기 때문에 열세 살의 나이에 도자기 공장에 다녔어요. 르누아르는 그곳에서 도자기에 그림을 그리는 일을 했지요. 그때부터 르누아르는 그림을 그리는 화가가 될 꿈을 꾸었어요.

하지만 4년 후 르누아르는 도자기 공장에서 쫓겨났어요. 르누아르가 하는 일을 기계가 대신하게 되었거든요. 르누아르는 부채에 그림을 그리거나 가게를 장식하는 일을 도우며 생활했어요. 어려운 형편에도 그림 공부를 게을리하지 않았어요.

르누아르는 글레이르라는 화가의 화실에 들어가 그림 공부를 하며 모네, 세잔과 같은 화가들과 어울리게 되었어요. 여러 작품을 발표하며 인상파의 대표 화가로 자리 잡았지요. 르누아르의 그림은 부드럽고 풍부한 색채, 우아한 분위기로 많은 사람들의 사랑을 받았어요.

그런데 55세가 넘어가면서 점점 몸이 굳어지는 것을 느꼈어요. 요즘으로 말하면 류머티즘성 관절염에 걸리고 만 거예요. 류머티즘성 관절염이란 손가락과 손목, 발목 등의 관절 부위가 붓

화가 畫家
그림 그리는 일을 전문으로 하는 사람.
畫 그림 **화**
家 전문가 **가**

통증 痛症
아픈 증세.
痛 아플 **통**
症 증세 **증**

고 심한 통증이 나타나는 병이에요.

류머티즘성 관절염 때문에 르누아르의 양손은 안쪽으로 굽어 버렸어요. 나중에는 손가락들도 구부러져 붓을 잡을 수도 없었고 통증이 너무 심해 손을 움직이기도 힘들었어요.

하지만 르누아르는 그림 그리는 것을 포기하지 않았어요. 움직이지 못하는 손에 연필과 붓을 묶어 그림을 그렸어요. 무려 20여 년의 세월을 그렇게 보냈다고 해요. 나이가 더 들어서는 몸을 마음대로 움직일 수 없어 휠체어에서 10년의 세월을 보냈다고 해요.

르누아르는 자신을 괴롭히는 병에 굴복하지 않고 그림을 그려 후대의 화가들에게 큰 영향을 주는 위대한 화가가 되었답니다.

나쁜 시력을 극복한 세계적인 지휘자

아르투로 토스카니니 1867~1957

이탈리아의 가난한 집안에서 태어난 토스카니니는 어렸을 때부터 몸이 약했어요. 가난해서 제대로 먹지도 못하고 부모님의 보살핌을 받지 못했던 토스카니니는 시력이 아주 나빴어요. 사물의 모습이 보이긴 했지만 책의 글씨처럼 작은 것은 보이지 않았지요.

음악 학교장은 토스카니니가 음악에 재능이 있다는 것을 알아보고 장학금을 주어 학교에 다니게 했어요. 토스카니니는 아홉 살 때부터 음악 학교에 다니며 첼로와 작곡을 배웠지요.

학교를 졸업한 토스카니니는 첼로 연주자가 되어 오케스트라에서 연주하게 되었어요. 그런데 토스카니니는 시력이 나빠서 다른 사람들처럼 악보를 보며 연주할 수가 없었어요. 그래서 집에서 연습하며 악보를 통째로 외워 버렸지요.

하지만 오케스트라에서 곡을 연주할 때는 자신의 악기 부분을 다 외웠다고 해서 연주를 할 수가 없어요. 다른 악기들이 언제 나오는지도 다 알아야 자신이 언제 들어가는지 알 수 있거든요. 결국 토스카니니는 남들보다 몇 배나 더 연습해 연주곡 전체를 외웠답니다.

그러던 어느 날 오페라 「아이다」 공연을 앞두고 오케스트라가 공연장에서 리허설을 할 때였어요. 오케스트라 단원들과 의견이 맞지 않았던 지휘자가 화를 내고 가 버렸어요. 당장 리허설도 없이 무대에서 연주해야 하는데 지휘자가 없어 모두들 걱정하고 있

연주자 演奏者
악기를 다루어 곡을 표현하는 사람.

演 펼 **연**
奏 아뢸 **주**
者 놈 **자**

오케스트라 orchestra
관현악단.

리허설 rehearsal
연극·음악·방송 등에서 공연을 앞두고 하는 예행연습.

지휘자 指揮者
합창이나 합주를 할 때 앞에서 이끄는 사람.

指 가리킬 **지**
揮 휘두를 **휘**
者 놈 **자**

었지요.

급한 대로 악보를 모두 외우고 있는 사람을 찾았고 그 사람은 유일하게 토스카니니뿐이었어요. 겨우 열아홉 살의 토스카니니는 한 번의 연습도 없이 바로 무대에 올라가 오케스트라를 지휘했어요.

관객들도 단원들도 처음에는 시큰둥했지만 열정적으로 지휘하는 토스카니니를 보고 모두 놀라며 감동을 받았어요. 그 후로 토스카니니는 첼로 연주자 대신 지휘자로 이름을 알리며 활동했어요.

토스카니니는 자신의 약점인 시력 장애를 극복해 오히려 유명한 지휘가로 성공했답니다.

자신의 고통을 예술로 승화시킨 화가

프리다 칼로 1907~1954

멕시코의 화가인 프리다 칼로는 많은 사람들에게 사랑을 받는 화가랍니다. 그녀의 삶을 알게 되면 그의 작품이 더 감동적으로 다가오지요.

프리다 칼로는 여섯 살 때 소아마비를 앓아 오른쪽 다리가 불편했어요. 그렇지만 씩씩하게 학교에 다니면서 의사의 꿈을 키워 나갔어요.

프리다 칼로가 열여덟 살 때였어요. 학교에서 버스를 타고 집으로 돌아오는 길에 버스와 전차의 충돌 사고를 당했어요. 그녀의 오른발은 부서졌고 척추와 골반을 포함한 온몸이 크게 다쳤어요. 프리다 칼로는 자신이 다친 것이 아니라 부서졌다고 말할 만큼 육체적, 정신적 고통에 시달렸어요. 9개월 동안 온몸에 깁스를 한 채 누워 있어야 했지요.

꿈 많던 소녀는 약과 주사와 함께 꼼짝없이 침대에 누워 **고통**의 시간을 보냈어요. 하지만 움직일 수 있는 두 손으로 할 수 있는 것을 생각해 냈지요. 바로 그림을 그리는 것이었어요.

프리다 칼로는 자신의 그림에 자신이 겪고 있는 몸과 마음의 고통을 표현했어요. 침대에 누워 천장에 달아 놓은 거울에 비친 자신의 모습을 관찰해서 그렸지요. 자신이 어떤 사람인지 어떤 생각을 하고 있는지 그림으로 강렬하게 나타냈어요. 그래서 프리다 칼로의 그림 중에는 자신의 모습을 그린 자화상이 많아요.

프리다 칼로는 수차례 수술을 해야 했고 기적적으로 걸을 수

고통 苦痛
몸이나 마음의 괴로움과 아픔.
苦 쓸 **고**
痛 아플 **통**

위로 慰勞
따뜻한 말이나 행동으로 괴로움이나 슬픔을 덜어 줌.
慰 위로할 **위**
勞 일할 **로(노)**

있게 되었어요. 하지만 결국 건강이 나빠져 오른쪽 다리를 잘라 내야 했고, 1953년에 처음으로 자신의 개인전이 열렸을 때는 침대에 누운 채로 참가하기도 했지요. 사람들은 프리다 칼로의 그림을 보며 많은 위로와 희망을 얻었어요.

평생을 고통 속에서 살았지만 그 고통을 예술로 피어나게 한 프리다 칼로. 그녀의 작품은 멕시코에서 국보로 지정될 만큼 사랑받고 있어요. 그의 예술 정신과 작품은 멕시코를 넘어 전 세계 사람들에게 진정한 아름다움과 깊은 감동을 전해 주고 있답니다.

전설로 남은 맨발의 마라톤 선수
아베베 비킬라 1932~1973

1960년 로마 올림픽 때의 일입니다. 올림픽 마지막 날, 올림픽의 꽃이라는 마라톤 대회가 열렸어요. 모든 사람들의 시선이 우승자에게 쏠렸지요. 가장 먼저 운동장으로 들어온 우승자를 본 사람들은 깜짝 놀랐어요. 42.195km를 달려 우승한 선수가 맨발이었기 때문이었지요.

맨발의 왕자라 불리게 된 이 선수는 에티오피아의 '맨발의 아베베'예요. 그는 정식 선수가 아닌 후보 선수로 올림픽에 나왔어요. 그런데 정식 선수가 부상을 입어 마라톤에 출전하지 못하게 되자 아베베가 대신 나가게 된 거였지요.

올림픽 후원사인 스포츠 용품 회사에서 마라톤 참가 선수들에게 마라톤화를 다 나누어 주었지만 아베베는 신을 수가 없었어요. 마라톤화가 아베베의 발에 맞지 않았거든요. 게다가 아베베의 운동화는 너무 낡아서 신고 달릴 수 없었어요. 아베베는 그냥 맨발로 뛰기로 했지요.

아베베는 올림픽에 처음 출전, 그것도 후보 선수로 출전해서 운동화도 없이 맨발로 달려 우승한 것도 모자라 세계 신기록까지 세웠답니다. 전 세계가 깜짝 놀라 아베베를 '맨발의 왕자'라 불렀어요.

아베베는 그다음 올림픽인 도쿄 올림픽에도 참가했지만 우승은 불가능해 보였어요. 올림픽이 있기 한 달 전에 맹장 수술을 했기 때문에 올림픽 참가도 불투명했거든요. 그런데 아베베는 모

후보 候補
결원이 생겼을 때 그 자리를 채울 수 있는 자격을 가진 사람.
候 기다릴 **후**
補 채울 **보**

예상 豫想
어떤 일을 직접 대하기 전에 미리 생각해 둠.
豫 미리 **예**
想 생각 **상**

절망 絶望
기대할 것이 없어져 희망이 없는 상태.
絶 끊을 **절**
望 바랄 **망**

영웅 英雄
지혜와 재능이 뛰어나고 용감해 보통 사람이 하기 힘든 일을 해내는 사람.
英 뛰어날 **영**
雄 수컷 **웅**

1960년 로마 올림픽에서 맨발로 42.195km를 달려 제일 먼저 결승점에 도착한 아베베

두의 예상을 깨고 자신이 세웠던 세계 신기록을 또 깨며 우승했어요. 정말 기적 같은 일이었지요.

그런데 몇 년 뒤 아베베는 자신의 차를 몰고 가던 중 학생을 피하려다 교통사고가 났어요. 그 사고로 아베베는 목뼈와 척추뼈를 크게 다쳤지요. 하반신 마비가 되어 걸을 수도 없었어요.

하지만 아베베는 절망하거나 포기하지 않았어요. 두 다리는 잃었지만 두 팔이 멀쩡하다는 것을 깨닫고 당장 양궁 선수가 되었지요. 결국 그는 1970년에 노르웨이에서 열린 장애인 올림픽에 나가 양궁에서 금메달을 땄어요.

장애를 뛰어넘어 강한 의지를 보여 준 아베베는 모두의 기억 속에 올림픽의 진정한 영웅으로 남아 있답니다.

소아마비를 이겨 낸 미국의 육상 선수

월마 루돌프 1940~1994

월마 루돌프는 1940년 미국에서 22남매 중 20번째 아이로 태어났어요. 월마는 태어날 때 2킬로그램도 되지 않았고 네 살 때는 큰 병으로 죽을 고비도 넘겼지요. 또 소아마비에 걸려 왼쪽 다리를 움직일 수 없게 되었어요.

월마의 아버지는 건강이 좋지 않았고 어머니는 **가정부**로 일했어요. 흑인이라 의료 혜택을 받지 못해 월마는 건강해지기 힘들었지요. 의사도 월마의 상태가 나빠 다시는 걷지 못할 거라고 했어요.

하지만 월마의 어머니는 포기하지 않고 버스로 45분이나 걸리는 병원을 찾아가 물리 치료를 받게 했어요. 나중에는 의사가 월마의 가정 형편을 알고 월마의 어머니에게 물리 치료법을 알려 주었지요. 월마의 언니들도 물리 치료법을 배워 날마다 동생을 치료해 주었어요.

그렇게 4년 동안 온 가족에게 정성껏 치료를 받은 덕분에 월마는 보조 기구를 이용해 조금씩 걸을 수 있게 되었어요. 그리고 월마는 악착같이 노력한 끝에 열한 살 때는 보조 기구 없이 혼자 걸을 수 있게 되었지요.

소아마비를 이겨 낸 월마는 운동을 시작했어요. 처음에는 다리 근육을 키우기 위해 농구를 했어요. 그러다가 월마를 눈여겨본 육상 코치 덕분에 육상 선수가 되었지요. 수년간 소아마비 치료를 해 왔던 월마에게 고된 훈련쯤은 아무것도 아니었어요.

가정부 家政婦
일정한 보수를 받고 집안일을 해 주는 여자.
家 집 **가**
政 일 **정**
婦 지어미 **부**

열광 熱狂
너무 좋아서 미친 듯이 날뜀. 또는 그런 상태.
熱 더울 **열**
狂 미칠 **광**

윌마는 고등학교 때 시작한 육상으로 미국 대표 선수가 되었고 올림픽에 나가게 되었어요. 그리고 1960년 로마 올림픽에서 금메달을 세 개나 땄어요. 100미터, 200미터, 400미터 계주에서 말이에요. 올림픽 역사상 여자 선수가 세 개의 금메달을 딴 것은 윌마가 처음이었어요. 그래서 사람들은 모두 윌마에게 열광했지요. 윌마는 세계 최고의 여자 선수로 여러 번 뽑혔어요. 미국의 영웅이 되었지요.

　운동선수를 그만둔 후에는 가난한 사람들을 돕고 흑인 인권 운동에 앞장섰어요. 걷지도 못할 줄 알았던 윌마는 소아마비를 이겨 내고 세계 정상에 오른 가장 뛰어난 육상 선수로 기억되고 있답니다.

왼쪽 눈꺼풀을 깜박여 책을 써낸 작가

장 도미니크 보비 1952~1997

만약 아파서 누워 있어야만 한다면 무얼 해야 할까요? 손도 발도 움직일 수 없고, 움직일 수 있는 거라고는 왼쪽 눈꺼풀을 깜박이는 것밖에 없다면요. 그런 환자라면 아마 할 수 있는 것이 없을 거라고 생각하는 사람이 대부분일 거예요.

장 도미니크 보비는 왼쪽 눈꺼풀만 움직일 수 있는 사람이었어요. 그는 과연 어떤 일을 했을까요?

장 도미니크 보비는 프랑스의 유명한 패션 잡지인 『엘르』의 편집장이었어요. 패션뿐만 아니라 오토바이를 타고 다니며 달리는 것을 좋아했고 맛있는 음식을 먹는 것도 좋아했지요. 두 아들의 자상한 아버지이기도 했고요.

그러던 그가 어느 날 뇌 질환에 걸려 꼼짝도 할 수 없게 되어 버렸어요. 손도 발도 움직이지 못하고 말도 할 수 없었지요. 자신의 몸에서 움직일 수 있는 것은 왼쪽 눈꺼풀뿐이었어요.

너무나 큰 절망 속에서 살던 장 도미니크 보비는 자신의 병이 깊어 살날이 얼마 남지 않았다는 것을 알았어요. 그래서 이제부터라도 자신의 꿈인 작가가 되기로 결심했지요.

도미니크 보비는 왼쪽 눈꺼풀을 깜박이며 알파벳을 찾았어요. 알파벳 판을 들고 있는 사람이 순서대로 알파벳을 가리키면 자신이 원하는 알파벳에서 왼쪽 눈을 깜박였지요. 그렇게 찾은 알파벳을 하나씩 써서 단어를 만들고 문장을 만들었어요.

하루 종일 눈을 깜박여서 겨우 반 페이지의 책을 쓸 수가 있

완성 完成
어떤 사물을 완전히 이룸.
完 완전할 **완**
成 이룰 **성**

었어요. 눈이 아프고 눈물이 흘렀지만 보비는 단 하루도 쉬지 않았어요. 그렇게 꼬박 1년 3개월 동안 20만 번 이상 눈을 깜박여 책을 썼지요. 하지만 아쉽게도 『잠수복과 나비』라는 책을 완성한 후 얼마 안 되어 세상을 떠났어요.

　아무것도 할 수 없을 것 같은 절망적인 상황에서도 포기하지 않고 고통을 참아 가며 자신의 꿈을 이루기 위해 책을 썼던 장 도미니크 보비. 그와 그의 책은 많은 사람에게 꿈과 희망을 주었답니다.

아름다운 노래를 만들고 부른 시각 장애인 가수

스티비 원더 1950~

미국의 팝 가수 스티비 원더는 앞이 보이지 않는 시각 장애인입니다. 그는 아름다운 노래로 전 세계 사람들의 사랑을 받고 있는 가수이지요.

스티비 원더는 1950년 미국의 한 흑인 가정에서 태어났어요. 그는 어머니의 배 속에서 열 달을 채우지 못해 태어나자마자 인큐베이터에 들어갔지요. 인큐베이터는 일찍 태어난 미숙아를 위해 엄마의 배 속과 비슷한 온도와 습도 환경으로 만든 작은 의료 상자예요.

그런데 어느 날 스티비 원더의 인큐베이터를 담당하는 의료진이 실수로 인큐베이터 안에 산소를 너무 많이 넣는 일이 생겼어요. 그 바람에 아기인 스티비 원더의 눈이 망가져 앞을 볼 수 없게 되었지요. 안타깝게도 스티비 원더는 세상에 나온 지 얼마 안 돼 시각 장애인이 되었답니다.

스티비 원더가 네 살 때 그의 어머니는 아버지를 떠나 아이들을 혼자서 힘들게 키웠어요. 스티비 원더는 앞을 못 보는 대신 소리를 잘 들을 수 있었어요. 그리고 어렸을 때부터 여러 가지 악기를 금방 배워서 다루었어요. 피아노, 하모니카, 드럼, 베이스 기타, 아코디언 등을 연주했고 교회에서 노래하는 성가대로 활동했어요.

자신이 할 수 있는 것은 음악뿐이라는 생각에 스티비 원더는 음악에 매달려 곡과 노랫말을 써서 멋진 노래를 많이 만들었어

성가대 聖歌隊
기독교에서 성가를 부르는 합창대.
聖 성인 **성**
歌 노래 **가**
隊 무리 **대**

전당 殿堂
학문, 예술, 기술, 교육 등의 분야에서 가장 권위 있는 기관을 뜻하는 말.
殿 전각 **전**
堂 집 **당**

요. 그가 발표한 수많은 노래는 세계적으로 큰 인기를 끌었지요. 스티비 원더는 아카데미 음악상 등 많은 상을 수상했고 미국의 로큰롤 명예의 전당과 작곡가 명예의 전당에도 이름을 올렸어요.

그는 시각 장애인이라는 신체적 불편함을 극복하고 좋은 곡을 작사, 작곡하고 감미로운 목소리로 노래를 불렀어요. 그가 까만 선글라스를 끼고 건반을 치며 노래하는 모습은 많은 사람들에게 기쁨과 행복을 준답니다.

세 가지 장애를 이겨 낸 사회 사업가

헬렌 켈러 1880~1968

헬렌 켈러는 미국 앨라배마주의 작은 시골 마을에서 태어났어요. 헬렌은 19개월의 아기였을 때 심한 병에 걸려 시각과 청각을 모두 잃어버렸지요. 듣지도 보지도 말하지도 못하게 된 거예요.

어둡고 고요한 세상에 갇힌 아이는 너무나 답답하고 두려웠어요. 그래서 누군가를 때리고 물건을 던지는 것이 자신의 생각을 표현하고 말하는 방법이었지요.

헬렌의 부모는 헬렌이 여섯 살 때 앤 설리번이라는 가정 교사를 데려왔어요. 제멋대로인 헬렌은 앤 설리번에게 마음을 열지 않고 무척 힘들게 했지요. 하지만 앤은 헌신적으로 헬렌을 돌보고 가르쳤어요. 앤 덕분에 헬렌은 글자를 익히고 세상을 알아가게 되었지요.

헬렌은 퍼킨스 맹아 학교를 졸업하고 래드클리프 여자 대학에 입학해서 공부했어요. 시각과 청각, 언어 장애라는 세 가지 장애를 가진 사람이 대학을 졸업하는 것은 전 세계에서 최초로 있는 일이었지요. 물론 그림자처럼 따라다니

청각 聽覺
소리를 느끼는 감각.
聽 들을 **청**
覺 깨달을 **각**

가정 교사 家庭教師
남의 집에서 보수를 받고 그 집의 자녀를 개별적으로 가르치는 사람.
家 집 **가**
庭 뜰 **정**
教 가르칠 **교**
師 스승 **사**

헌신 獻身
몸과 마음을 바쳐 온 힘을 다함.
獻 드릴 **헌**
身 몸 **신**

여덟 살의 헬렌 켈러와 앤 설리번

며 공부를 도와준 앤 설리번이 있었기에 가능했어요.

헬렌은 시각 장애인을 위한 인권 운동에 앞장서고 여성 운동가로도 활동했어요. 장애인으로서의 자신의 삶과 앤 설리번에 대한 이야기 등을 책으로 펴내 작가로 활동하기도 했지요.

보통 사람들은 한 가지 장애만 가지고도 충분히 고통스럽고 세상을 살아가기 힘들다고 생각해요. 하지만 헬렌 켈러는 세 가지 장애를 동시에 가진 힘든 삶을 살았지만 누구보다도 열심히 바쁘게 세상을 살았어요.

헬렌 켈러는 세상 사람들에게 불가능과 불행은 자신의 의지로 극복할 수 있다는 것을 알려 주었답니다.

열여덟 살의 헬렌 켈러와 앤 설리번

꼬리를 무는 PLUS 인물

교육가
앤 설리번 1866~1936

　헬렌 켈러는 3일만 앞을 볼 수 있다면 가장 먼저 앤 설리번 선생님을 보고 싶다고 얘기했어요. 앤은 헬렌 켈러에게 사랑과 헌신으로 공부를 가르치고 세상을 알게 해 주었지요.

　앤의 아버지는 알코올 중독자였고 어머니는 결핵을 앓다 앤이 여덟 살 때 세상을 떠났어요. 앤은 시각 장애를 가지고 있었고 앤의 남동생은 결핵에 걸렸지요. 앤의 친척들은 앤과 남동생을 병원에 버렸고 앤은 남동생이 세상을 떠날 때까지 병간호를 했어요.

　앤은 몇 번의 눈 수술을 받았지만 실패했고 죽으려고 마음을 먹기도 했어요. 시각 장애인 학교에 다닐 때 다시 수술을 받아 시력이 어느 정도 회복되었지만 평생 사물이 겹쳐 보이는 불편함 속에서 살아야 했지요.

　헬렌의 가정 교사로 가게 된 앤은 헬렌과 친해지기 위해 많이 노력했어요. 앤은 끈기 있게 헬렌이 마음을 열 때까지 노력하고 기다렸어요. 앤은 헬렌의 손바닥 위에 알파벳을 쓰며 글을 가르쳤고, 자신의 목에 헬렌의 손을 대어 떨림을 느끼게 하기도 했지요.

　앤은 헬렌과 함께 퍼킨스 맹아 학교와 래드클리프 여자 대학을 다녔어요. 헬렌의 가족들은 헬렌을 떠났지만 앤은 죽는 날까지 헬렌의 곁에서 함께 지냈지요.

　부모의 사랑도 받지 못하고 가족도 없이 장애를 가지고 살았던 앤은 어쩌면 헬렌보다 더 힘든 삶을 살았을지도 모르겠어요. 하지만 앤은 자신의 능력이 닿는 한 헬렌을 가르치고 보살폈어요. 자신의 사랑을 헬렌에게 모두 베풀었지요.

　앤 설리번과 헬렌 켈러는 스승과 제자로, 인생을 함께 걸어가는 친구로, 사랑을 베푸는 가족으로 살았답니다.

정신 장애를 이겨 낸 사람들

자신의 마음과 정신을 다스린다는 것은 무척 어려운 일입니다.
특히 마음의 병을 앓고 있는 사람이라면 더더욱 힘든 일이지요.
하지만 많은 사람들이 정신 장애를 이겨 내고
보통 사람들도 하기 힘든 위대한 업적을 남겼어요.
강한 의지와 노력으로 자신의 병을 이겨 냈기 때문이랍니다.

만유인력을 발견한 천재 물리학자

아이작 뉴턴 1642~1727

인류 역사상 가장 유명한 과일을 꼽는다면 무엇일까요? 아마 많은 사람들이 뉴턴의 사과를 이야기할 거예요. 뉴턴이 사과나무에서 떨어진 사과를 보고 물체가 서로 끌어당기는 힘이 있다는 '만유인력'을 알아냈다고 알려져 있거든요. 뉴턴의 만유인력은 인류 역사상 가장 위대한 물리학이라 칭송받았고, 뉴턴은 과학자들 중에서도 가장 천재라고 꼽히기도 해요. 하지만 이렇게 인류 역사상 위대한 업적을 남긴 뉴턴에게 정신적 장애가 있었다고 해요.

뉴턴은 어머니 배 속에 있을 때 아버지가 돌아가셨어요. 뉴턴의 어머니는 뉴턴이 세 살 때 자신의 부모에게 뉴턴을 맡기고 재혼을 했지요. 뉴턴은 외할머니, 외할아버지와 함께 살았지만 두 사람 다 나이가 많아서 뉴턴을 잘 돌볼 수가 없었어요. 뉴턴은 자신의 처지에 불만이 많았고 그만큼 어머니에 대한 원망이 아주 컸다고 해요. 그래서 때때로 불안 장애를 보였다고 합니다.

뉴턴은 학교에서 친구들과 잘 어울리지 못했고 말도 잘 하지 않았어요. 늘 움츠려 있는 뉴턴을, 친구들은 '울보', '겁쟁이'라고 놀렸지요. 뉴턴은 평소에는 조용히 지내다가도 한번 화가 나면 참지 못하고 자신을 괴롭히는 아이를 흠씬 두들겨 패기도 했어요. 어른이 되어서도 집착이 심했고 다른 사람과의 소통에 어려움을 겪었어요. 하인이 음식을 두고 가도 다음 날 아침까지 잊어버리고 먹지 못한 때도 있었지요.

원망 怨望
남이 한 일을 못마땅하게 여겨 탓함.
怨 원망할 **원**
望 바랄 **망**

소통 疏通
막히지 않고 뜻이 서로 통함.
疏 소통할 **소**
通 통할 **통**

집중력 集中力
마음이나 주의를 집중할 수 있는 힘.
集 모을 **집**
中 가운데 **중**
力 힘 **력(역)**

관찰력 觀察力
사물이나 현상을 자세히 살펴보는 능력.
觀 볼 **관**
察 살필 **찰**
力 힘 **력(역)**

뉴턴은 자신이 좋아하는 일에는 집중력이 뛰어났는데 그것이 일종의 아스퍼거 증후군이라고 보는 사람이 많아요. 아스퍼거 증후군은 활동과 관심 분야에 한계가 있고 남들과의 소통이 쉽지 않은 장애이지만 집중력과 관찰력이 뛰어난 사람도 있다고 해요.

뉴턴은 자신이 가진 장애를 이겨 내고 놀라운 집중력과 연구로 인류 역사를 바꾸는 위대한 업적을 남긴 것이지요.

세계에서 가장 유명한 영화감독
스티븐 스필버그 1946~

혹시 여러분이나 여러분의 친구 중에 보통 사람만큼 집중하기 힘들어하거나 작은 일에 어쩔 줄 몰라 하며 흥분하는 사람이 있나요? 이런 증세를 우리는 ADHD, 즉 '주의력 결핍 과잉 행동 증후군'이라고 불러요.

주의력 결핍 과잉 행동 증후군은 가만히 앉아 있지 못하고 산만하며 심하면 폭력적인 행동을 하기도 해요. 마음이 아픈 병이긴 하지만 약이나 놀이, 음악 등으로 치료하는 여러 가지 방법들이 많아졌지요. 주의력 결핍 과잉 행동 증후군을 가진 사람은 자기가 좋아하는 일에는 보통 사람보다 훨씬 더 집중을 잘한다고 해요.

미국의 유명한 영화감독 스티븐 스필버그도 ADHD였어요. 그래서 학교 공부는 열심히 하지 않고 자기가 좋아하는 카메라만 만지작거렸다고 해요. 스필버그의 어머니는 스필버그가 좋아하지 않고 집중하지 못하는 다른 것들보다 스필버그가 좋아하는 한 가지를 칭찬하며 격려해 주었어요.

영화를 좋아했던 스필버그는 열세 살 때 식구들을 배우로 등장시킨 영화를 감독하기도 했고, 열여섯 살 때는 500달러를 들여 영화를 만들었어요. 「불빛」이라는 공상 과학 영화였는데 스필버그 자신이 직접 감독과 각본, 촬영까지 해서 동네 극장에서 개봉하기도 했다고 해요.

그는 그 후로 「죠스」 시리즈, 「E.T.」, 「인디아나 존스」 시리즈,

주의력 注意力
한 가지 일에 집중하는 힘.
注 부을 **주**
意 뜻 **의**
力 힘 **력(역)**

결핍 缺乏
모자람. 부족함.
缺 모자랄 **결**
乏 모자랄 **핍**

과잉 過剩
예정하거나 필요한 수량보다 많음. 지나침.
過 지나칠 **과**
剩 남을 **잉**

「쥬라기 공원」 시리즈, 「쉰들러 리스트」, 「라이언 일병 구하기」 등 누구나 보았을 법한 유명한 영화를 많이 만들어 냈지요. 특히 그의 영화는 몇십 년이 지난 후에도 속편이 나올 정도로 많은 사랑을 받았어요.

스필버그는 작품성도 있으면서 흥행에도 크게 성공한 현시대 최고의 영화감독이라는 평을 받고 있답니다.

음악의 어머니라 불리는 고전 음악가

게오르크 프리드리히 헨델 1685~1759

여러분은 혹시 '뇌전증'이라는 병에 대해 들어 본 적이 있나요? 옛날에는 '간질'이라고 불렸던 뇌전증은 뇌의 신경 세포가 잘못된 전기 신호를 내어 잠깐 동안 뇌 기능에 문제가 생기는 병이에요. 뇌전증 환자들은 근육이 떨리고, 쓰러지는 발작 증세를 일으키기도 하지요.

옛날에는 뇌전증을 심각한 병으로 생각했어요. 뇌전증 환자들이 위험하다고도 생각했고 정신병으로 여기기도 했어요. 그래서 뇌전증 환자들은 주위로부터 많은 편견과 따가운 시선을 견뎌야 했지요.

음악의 어머니라고 불리는 가장 위대한 음악가 중 한 명인 헨델도 이러한 뇌전증 환자였어요. 독일의 작곡가인 헨델은 어린 시절부터 음악적 재능이 뛰어났어요. 어려서부터 오르간과 하프시코드(피아노가 나오기 전에 가장 널리 사용되었던 건반 악기), 바이올린, 오보에 등 다양한 악기를 배워 잘 다루었지요.

그는 뇌전증을 앓았지만 작곡을 하는 데에는 큰 문제가 되지 않았어요. 뇌전증은 증세가 나타나는 그 순간 주위 사람의 도움을 받고 안전하게 자신을 보호하면 일상생활을 하는 데는 큰 지장이 없거든요.

헨델은 뇌전증 때문에 움츠러들지도 자신의 꿈을 포기하지도 않았어요. 물론 위험한 상황도 있었고 주위 사람들의 수군거림도 들어야했겠지요. 하지만 그는 숨어들지 않고 여러 도시들을

발작 發作
어떤 병의 증세가 갑자기 일어남.
發 일어날 **발**
作 지을 **작**

귀화 歸化
다른 나라의 국적을 얻어 그 나라의 국민이 됨.
歸 돌아갈 **귀**
化 될 **화**

여행하며 유명한 작곡가들과 귀족들을 만났고 훌륭한 곡도 많이 작곡했어요.

헨델은 독일의 음악가이지만 영국에서 오페라 작곡가로 더 큰 명성을 얻어 영국의 시민으로 귀화했어요. 나이가 든 후에는 병으로 시력을 잃었지만 조수의 도움을 받으며 작곡을 계속했어요.

나폴레옹, 고흐, 에디슨 등 많은 위인들도 헨델처럼 뇌전증을 앓았지만 모두 어려움을 극복하고 위대한 업적을 남겼답니다.

세계에서 가장 뛰어난 수영 선수
마이클 펠프스 1985~

운동선수라면 누구나 올림픽에서 금메달을 따고 싶어 할 거예요. 자신이 세계 최고라는 것을 전 세계에 알리고 인정받는 기회니까요.

여기 올림픽에서 금메달을 무려 스물세 개나 딴 선수가 있습니다. 은메달, 동메달까지 합하면 스물여덟 개나 되지요. 2008년 베이징 올림픽에서는 올림픽 수영 역사상 최초로 8관왕을 했으며 다섯 번의 올림픽에서 스물여덟 개의 메달을 딴 선수, 바로 마이클 펠프스입니다. 마이클 펠프스의 이런 기록은 너무나 대단한 것이어서 사람들은 몇백 년에 한 번 나올까 말까 하는 수영 선수라고 평가한답니다.

마이클 펠프스는 어린 시절 잠시도 가만히 있지 못하고 한 가지 일도 제대로 집중해서 할 수가 없었다고 해요. 펠프스의 선생님은 펠프스에게 무엇을 해도 성공하지 못할 것이라고 나쁜 말까지 했지요.

마이클 펠프스의 어머니는 마이클을 병원에 데려갔고 마이클이 ADHD(주의력 결핍 과잉 행동 증후군)라는 진단을 받았답니다. 아버지와 이혼했던 어머니는 혼자서 마이클의 병을 치료하기 위해 수영을 시켰어요.

하지만 마이클은 수영을 굉장히 싫어했어요. 물을 무서워해서 물에 들어가지 않으려고 소리를 지르고 물안경을 집어 던지기도 했어요. 결국 물이 얼굴에 닿지 않는 배영부터 배웠지요.

배영 背泳
얼굴을 위로 하여 등을 물에 대고 수영하는 방법.
背 등 **배**
泳 헤엄칠 **영**

헌신 獻身
몸과 마음을 바쳐 온 힘을 다함.
獻 드릴 **헌**
身 몸 **신**

수영을 하게 된 마이클은 점점 자신의 능력을 알게 되었고 만 열네 살의 나이에 미국의 국가 대표로 올림픽에 나가게 되었어요. 한 가지도 제대로 집중해서 할 수 없었고 물에 들어가는 것조차 싫어했던 마이클 펠프스는 하루 종일 수영과 훈련만 하는 수영밖에 모르는 사람이 되어 있었지요. 엄마와 누나들의 헌신적인 뒷바라지와 격려도 마이클에게 큰 힘이 되어 주었어요.

괴물, 인간 물고기로 불리며 세계 최고의 수영 선수가 된 마이클 펠프스는 끈기 있는 노력으로 자신을 이겨 낸 진정한 승리자가 되었답니다.

유머와 지도력을 갖춘 영국의 정치가

윈스턴 처칠 1874~1965

영국은 한때 해가 지지 않는 나라로 불릴 만큼 세계 여러 나라를 지배한 최강의 나라였어요. 그런 영국의 우두머리인 수상 중에서도 사람들에게 가장 잘 알려진 수상은 윈스턴 처칠이에요.

윈스턴 처칠이 수상이었던 때에는 제2차 세계 대전 중이었기 때문에 그 어느 때보다도 수상으로서의 리더십과 판단력, 책임감이 필요했어요. 처칠은 제2차 세계 대전을 승리로 이끌어 영국을 지킨 지도자로 인정받고 있지요.

하지만 처칠은 어린 시절 학교에서 말썽만 피우는 문제아였어요. 처칠의 생활 기록부에 '품행이 나쁜 학생으로 의욕이 없고 자신의 물건도 제대로 챙기지 못하는 야무지지 못한 학생이다.'라고 쓰여 있을 정도였지요. 성적은 꼴찌에 가까웠고 친구들과 맨날 싸웠어요. 처칠은 친구들에게 따돌림을 당해 괴로워했어요.

젊은 시절에는 전쟁터에 특파원으로 갔다가 적에게 붙잡혀 포로가 되기도 했어요.

어른이 된 후에도 처칠은 이런 모든 기억 때문에 늘 우울증에 시달렸어요. 고집불통에 변덕이 심하다고 욕을 먹기도 했지요. 하지만 처칠은 우울증이 자신을 망가뜨리게 내버려 두지 않았어요.

처칠이 많은 사람들의 인기를 얻은 이유 중 하나는 바로 그가 가진 유머 감각 때문이었어요. 그는 다른 사람들이 자기를 비난

품행 品行
품성과 행실.
品 품격 **품**
行 다닐 **행**

특파원 特派員
해외에 파견되어 취재 활동을 하는 기자.
特 특별할 **특**
派 갈래 **파**
員 인원 **원**

하거나 놀릴 때도 멋진 유머로 코를 납작하게 해 주거나 마음이 풀어지게 만들었지요.

우울증을 가진 사람이 그 누구보다 뛰어난 유머 감각을 발휘하고 감동적인 연설을 한다는 것은 우울증을 극복하려고 끊임없이 노력했다는 뜻이지요.

처칠은 늙어서까지 평생 우울증에 시달렸지만 자신과 세상을 평화롭게 만든 사람으로 모두에게 기억되고 있답니다.

진화론으로 세상을 놀라게 한 생물학자

찰스 다윈 1809~1882

모든 생명체는 자신이 살기 좋게 발전·진화되어 왔다는 진화론이 발표되었을 때 세상은 정말로 발칵 뒤집혔어요. 당시에 대부분의 사람들은 하느님이 세상과 동식물을 만들었다는 창조론을 믿고 있었거든요.

특히 인간과 원숭이의 조상이 같은 갈래에서 나왔다는 그의 주장은 많은 사람들에게 놀라움을 넘어서 화가 나게 만들었어요. 찰스 다윈은 종교계뿐만 아니라 일반 사람들로부터도 많은 항의와 의문, 반대 의견을 들어야 했지요.

지금은 다윈의 진화론을 인정하고 당연하게 받아들이지만 찰스 다윈이 진화론을 발표할 당시에는 세상이 뒤바뀌는 엄청난 충격이었어요. 찰스 다윈이 인류 역사상 세상을 가장 놀라게 한 중요한 이론을 발표한 셈이지요.

이렇게 위대하고 대담한 일을 한 찰스 다윈은 의외로 어린 시절부터 사람들 앞에 나서는 것을 부끄러워했다고 해요. 누군가와 토론을 하게 될 때도 당황하며 어쩔 줄 몰라 할 정도로 소심한 성격이었지요. 학교에서도 주위가 산만하고 머리가 나쁜 학생으로 여겨졌어요.

찰스 다윈은 나이가 들어서도 이러한 증상을 보였어요. 지금으로 말하면 '공황 장애' 같은 것이지요. 그는 사람들이 많이 모이는 곳에 가지 못했고 밖에 나가면 식은땀이 나고 심장이 크게 뛰어 견디기 힘들었다고 해요. 불안 장애가 심해질 때면 호흡 곤

진화 進化
생물이 점점 나은 것으로 변함.
進 나아갈 진
化 될 화

란을 느끼고 쓰러지기까지 했어요.

　찰스 다윈의 『비글호 항해기』에도 늘 아프고 힘들다는 내용이 나오는 걸 보면 그는 항상 자신을 괴롭히는 여러 가지 정신적·신체적 질병과 싸워야 했다는 것을 알 수 있어요.

　찰스 다윈은 비록 여러 가지 정신적 장애를 가지고 있었지만, 꿋꿋이 자신의 진화론을 주장하고 인정받기 위해 열심히 연구했어요. 그 덕분에 그는 역사상 가장 위대한 생물학자로 기억되고 있답니다.

이 새는 왜 부리가 길쭉하고, 이 새는 왜 부리가 납작하지?

우리는 그냥 먹고 싶은 먹이를 먹었을 뿐이라고요.

인종과 성차별에 맞선 사람들

옛날에는 피부색이 다르고 여성이라는 것 때문에
차별을 받는 경우가 많았어요. 하지만 차별에 맞서서
훌륭한 업적을 이루어 놓은 사람들이 많아요.
이제는 여성인지 남성인지 흑인인지 백인인지가 아니라
오롯이 그 사람의 능력으로 평가받는 세상이 되어야겠지요.

진정한 챔피언으로 남은 흑인 권투 선수
무하마드 알리 1942~2016

여러분은 혹시 '나비처럼 날아서 벌처럼 쏜다.'라는 말을 들어 본 적이 있나요? 유행어처럼 되어 버린 이 유명한 말은 미국의 권투 선수 무하마드 알리가 한 말이랍니다.

무하마드 알리의 원래 이름은 캐시어스 클레이예요. 클레이는 흑인 차별이 심한 동네에서 자랐고 그것을 극복하기 위해 권투 선수가 되었지요. 클레이는 오로지 모든 것을 권투에만 바친 끝에 미국의 국가 대표가 되었고 1960년 로마 올림픽에 나가 당당히 금메달을 목에 걸었답니다.

클레이의 고향에서는 금메달을 딴 미국의 영웅이라며 클레이를 반갑게 맞아 주었고 클레이 또한 금메달을 목에 걸고 다니며 자랑스러워했어요.

그런데 어느 날, 친구들과 식당에 간 클레이가 식당 주인에게 쫓겨났어요. 백인인 식당 주인이 "난 깜둥이에게는 음식을 팔지 않아!"라고 말했거든요. 종업원이 클레이를 알아보고 올림픽 금메달리스트라고 말했지만 아무 소용 없었어요.

클레이는 식당에서 쫓겨난 후 백인 불량배들에게 금메달을 빼앗길 뻔하기도 했어요. 클레이는 큰 충격을 받았어요. 나라를 대표해 올림픽에서 금메달을 땄지만 백인들에게 클레이는 그냥 차별받는 흑인이었던 거예요.

자신의 처지를 뼈저리게 느낀 클레이는 금메달을 강물에 던져 버리고 프로 선수가 되었어요. 그리고 흑인으로서의 정체성

차별 差別
둘 이상의 대상을 차이를 두어 구별함.
差 다를 **차**
別 나눌 **별**

무죄 無罪
잘못이나 죄가 없음.
無 없을 **무**
罪 허물 **죄**

을 더욱 굳건히 하기 위해 종교도 기독교에서 '아프리카계 미국인 민권 운동(미국의 흑인이 인종 차별의 해소를 요구한 대중 운동)'에 앞장서던 이슬람교로 바꾸었어요. 이름도 백인 주인에게 받은 이름을 버리고 이슬람교 운동 조직의 최고 지도자에게서 받은 '무하마드 알리'라는 새 이름으로 바꾸었어요. '찬양받는 사람'이라는 뜻이지요.

하지만 프로 선수로 좋은 성적을 올리고 있을 때 미국 정부에서는 그에게 베트남 전쟁에 참전할 것을 강요했어요. 알리가 전쟁에 나가는 것을 거부하자 그 대가로 챔피언 자리를 강제로 빼앗겼고 선수로서 활동할 수 없게 되었어요. 다행히 몇 년간 이어진 법정 투쟁 끝에 알리는 무죄 판결을 받을 수 있었고 다시 선수 생활을 시작했지요.

알리는 은퇴할 때까지 56승 5패라는 놀라운 기록을 세웠어요. 그는 온갖 차별과 압박 속에서도 자신의 의지를 굽히지 않는 모습으로 전 세계 사람들에게 '진정한 챔피언'으로 기억되고 있답니다.

진정한 의술을 펼친 한국 최초의 여자 의사

박에스더 1877~1910

한국 최초의 여자 의사인 박에스더는 대한 제국 시절이었던 1877년에 태어났어요. 원래 이름은 김점동이었고 아버지인 김홍택은 선교사 활동을 하던 아펜젤러의 집에서 일을 했어요. 김점동은 아버지 덕분에 선교사들을 알게 되었고 자연스럽게 영어도 배울 수 있었지요.

그 당시에는 여자가 학교에 다닐 수도 없었고 더구나 외국어나 의학 공부는 꿈도 꿀 수 없었어요. 하지만 김점동은 워낙 똑똑한 덕분에 영어를 쉽게 배웠고 최초 여성 병원인 보구여관에서 통역을 맡았어요. 보구여관에서는 로제타 홀이라는 선교사가 의료 봉사를 하고 있었는데 로제타 홀은 통역도 잘하고 의료 일도 잘 돕는 김점동을 아주 좋아했어요. 그래서 의학 연구반을 만들어 김점동에게 기초 의학 교육을 받게 했지요.

김점동은 기독교에서 에스더라는 세례명을 받아 김에스더라고 불렸는데 박유산과 결혼한 후 미국 유학길에 오르면서 박에스더라고 이름을 바꾸었어요. 서양에서는 아내가 남편의 성을 따랐기 때문에 김점동도 그렇게 이름을 바꾼 것이지요.

박에스더는 로제타 홀의 도움으로 미국에서 남편과 함께 의학 공부를 하게 되었어요. 우리나라에서 여자가, 그것도 먼 외국에 나가서 의학 공부를 하는 일은 처음인 데다 경제적으로도 무척 힘들었어요. 박에스더의 총명함을 아는 남편은 할 수 없이 일을 해 아내의 뒷바라지를 하고, 박에스더는 볼티모어 여자 의과

대한 제국 大韓帝國
1897년 10월 12일부터 한일 병합 조약이 강제 체결되어 공포된 1910년 8월 29일까지 사용한 조선의 국호.

大 크다 **대**
韓 한국 **한**
帝 임금 **제**
國 나라 **국**

선교사 宣敎師
외국에 파견되어 기독교를 널리 전도하는 사람.

宣 널리 펼 **선**
敎 가르칠 **교**
師 스승 **사**

대학에서 공부를 했지요.

하지만 안타깝게도 박에스더의 남편은 미국에서 병으로 세상을 떠났어요. 혼자서 공부를 마치고 귀국한 에스더는 자신의 몸을 아끼지 않고 환자들을 돌보았어요. 당시에 여자들은 남자 의사들에게 몸을 보여 주거나 치료받는 것을 꺼렸기 때문에 여자 의사인 박에스더는 여자 환자들에게 커다란 빛이었지요.

박에스더는 10년 동안 매년 오천 명 이상을 진료하고 농아 학교, 맹아 학교를 세우며 의료 봉사 활동에 힘썼어요. 그러다 그만 서른네 살 때 심각한 과로로 인해 폐결핵에 걸려 세상을 떠나고 말았어요. 박에스더는 단순히 한국 최초의 여의사가 아니라 자신을 희생해 수많은 사람들의 목숨을 살린 진정한 의사, 의인으로 존경받고 있답니다.

나눔의 미덕을 실천한 제주도의 여성 사업가

김만덕 1739~1812

제주도에 사는 김만덕은 어린 시절 부모를 병으로 잃고 늙은 기생이 사는 집에서 일을 하며 살았어요. 기생 월중선은 부지런하고 영리한 만덕을 수양딸로 삼아 키웠지요.

그 후, 원래 양인이었던 김만덕은 기생의 신분에서 벗어나게 해 달라고 여러 번 요청한 끝에 자신의 신분을 찾을 수 있었어요. 그리고 월중선의 도움으로 집을 나와 가게도 차렸지요.

똑똑한 김만덕은 제주도에서 나는 귤, 미역, 말갈기를 육지에 내다 팔고, 장신구, 옷감, 화장품 등을 육지에서 사 와 제주도 사람들에게 팔았어요. 영리하고 셈이 밝았던 만덕은 사람들의 믿음까지 얻어 장사가 아주 잘되었지요. 물론 여자이기 때문에 무시와 차별을 당하고 위험에 빠지기도 했지만 만덕은 모든 것을 씩씩하게 이겨 냈어요. 만덕은 제주도의 큰 부자가 되었지만 아껴 쓰면서 돈을 모았어요.

그러던 어느 해부터 제주도에 흉년이 들었어요. 4년 넘게 흉년이 들자 제주도에 굶어 죽는 사람들이 늘어났지요. 나라에서는 제주도 사람들을 구하기 위해 배에 쌀을 실어 보냈어요. 하지만 태풍이 불어 배 다섯 척이 모두 바닷속으로 가라앉고 말았지요.

제주도 사람들이 굶어 죽게 되자, 만덕은 전 재산을 털어 자기의 배로 쌀을 사 오게 했어요. 모두 500석이나 되었지요. 그것을 모두 제주도 사람들에게 나누어 주었어요. 만덕 덕분에 제주

양인 良人
조선 시대 신분 제도에서 양반과 천민의 중간 신분. 양민.
良 어질 **양(량)**
人 사람 **인**

육지 陸地
대륙과 연결되어 있는 물로 덮이지 않은 땅.
陸 뭍 **육(륙)**
地 땅 **지**

흉년 凶年
농작물이 예년에 비해 잘되지 않아 굶주리게 된 해.
凶 흉할 **흉**
年 해 **년(연)**

은덕 恩德
은혜로운 덕.
恩 은혜 **은**
德 큰 **덕**

도 사람들 수천 명이 목숨을 구할 수 있었지요.

이러한 소식은 왕인 정조에게도 전해졌어요. 정조는 전 재산을 바친 김만덕을 칭찬하며 소원을 들어주겠다고 했지요. 여자이기 때문에 벼슬은 줄 수가 없었거든요. 김만덕은 주저 없이, 궁궐로 가 임금님을 직접 뵙고 금강산을 여행하는 것이 소원이라고 대답했어요.

모두들 깜짝 놀랐어요. 평민은 임금님을 만날 수 없었고 금강산 여행은 성공한 남자들도 하기 힘들었거든요. 게다가 제주도에 사는 여자는 육지로 나갈 수도 없었어요. 신하들이 거세게 반대해서 1년이 지난 후에야 정조는 김만덕의 소원을 들어줄 수 있었어요.

'의녀반수'라는 명예 관직을 받아 궁궐에 가서 임금님을 만나고 금강산을 여행하고 돌아온 김만덕은 그 후로도 제주도에서 나눔을 실천하며 살았어요. 김만덕은 지금도 나눔을 실천한 모범적인 부자로 존경받고 있으며 그의 은덕을 기리는 사업회가 설립되어 활동 중이랍니다.

지혜로 백성을 다스린 우리나라 최초의 여왕
선덕 여왕 ?~647

신라 최초이자 우리나라 최초의 여왕을 알고 있나요? 아마 대부분의 친구들이 선덕 여왕을 알고 있을 거예요. 선덕 여왕은 신라의 제27대 왕으로 16년간 신라를 다스렸어요.

선덕 여왕의 이름은 덕만이에요. 덕만 공주의 아버지 진평왕에게는 아들이 없었어요. 신라에는 **골품제**가 있어 아들은 아니었지만 성골인 덕만 공주가 왕이 될 수 있었지요.

하지만 많은 사람들은 선덕 여왕이 여자라는 이유만으로 깔보고 못마땅하게 생각했어요. 신라의 귀족부터 백제와 고구려의 임금들도 신라의 여왕을 우습게 여겨 전쟁을 일으키기도 했지요. 멀리 당나라의 당태종도 여자가 왕인 신라를 이웃 나라가 우습게 여기니 자기가 왕을 뽑아 보내겠다는 말을 할 정도였지요.

하지만 선덕 여왕은 그 어떤 왕보다도 현명하고 지혜로웠어요. 불교의 힘으로 백성들의 마음을 하나로 모으기 위해 황룡사 9층 목탑을 세웠고, 아시아에 남아 있는 가장 오래된 천문대인 첨성대도 세웠지요.

백제와 고구려의 침략도 현명하게 막아 냈고 각 나라들과의 **외교** 관계를 통해 신라를 굳건하게 지켜 냈답니다. 멸망한 가야국의 왕족인 김유신을 높은 자리에 올려 잘 쓴 것도 선덕 여왕의 높은 안목 덕분이랍니다.

선덕 여왕이 백성들을 잘 다스리고 나라를 튼튼히 하여 삼국 통일을 이룰 수 있는 기반을 잘 닦아 놓았어요. 결국에는 신하

골품제 骨品制
성골과 진골, 6두품에서 1두품까지로 구분한 신라의 신분 제도.

骨 뼈 **골**
品 등급 **품**
制 법도 **제**

외교 外交
다른 나라와 정치적, 경제적, 문화적 관계를 맺는 일.

外 바깥 **외**
交 사귈 **교**

들과 백성들도 여왕이라는 편견을 버리고 위대한 왕으로 모시게 되었답니다.

골품제란 무엇일까요?

골품제는 신라의 신분 제도예요. 왕족인 '골'과 그 밑의 여섯 개의 신분 계급인 '품'으로 나누어지죠. 골은 성골과 진골이 있는데 성골은 부모 모두 왕족으로 왕이 될 수 있는 자격을 가진 최고의 신분이었어요. 하지만 태종 무열왕 때부터는 성골이 없어 진골도 왕이 될 수 있었답니다.

골품제는 신분 계급에 따라 오를 수 있는 벼슬이 정해져 있었어요. 그리고 마음대로 계급을 바꿀 수도 없었지요. 골품제의 높고 낮은 계급에 따라 혼인, 집의 크기, 옷의 색깔 등 일반적인 생활까지 정해진 규칙을 따라야 했어요.

이 골품제는 신라가 삼국 통일을 하고 멸망할 때까지 400년 동안 계속 유지되었답니다.

골품 제도의 관등과 관복의 색

진골은 어머니와 아버지 둘 중 한쪽만 왕족이고 한쪽은 귀족이에요.
제1관등인 이벌찬에서 제5관등인 대아찬까지는 진골만이 할 수 있었고, 다른 신분층은 대아찬 이상의 관등에 올라갈 수 없었어요.
3~1두품은 평민으로 관직에 오를 수 없었답니다.

인종 차별을 없애는 데 노력한 인권 운동가

넬슨 만델라 1918~2013

　우리가 아프리카 하면 대부분 흑인들의 나라라고 떠올리지만 남아프리카 공화국은 달랐어요. 남아프리카 공화국은 백인들이 흑인들을 지배하는 인종 차별 정책이 아주 심한 나라였지요. 흑인들은 공공장소와 대중교통, 학교와 같은 교육 시설 등에서 백인과 함께 사용하고 다닐 수 없었어요. 넬슨 만델라도 이러한 남아프리카 공화국에서 태어난 흑인으로서 심한 차별을 받고 자랐지요.

　법을 공부해서 변호사가 된 넬슨 만델라는 이러한 인종 차별 정책에 적극 반대하고 나섰고 체포되어 감옥에도 갔어요. 감옥에서 나온 후로도 아프리카 전역을 다니며 직접 군사 훈련을 받고 정부군에 맞서 싸울 것을 연설하며 흑인들의 많은 지지를 받았지요.

　하지만 백인들의 정권에서는 눈엣가시인 넬슨 만델라를 체포해서 다시 감옥에 보냈고 종신형을 선고했어요. 하지만 흑인들의 꺾이지 않는 투쟁과 국제적인 압력 때문에 결국 27년 만에 넬슨 만델라를 석방했지요. 넬슨 만델라는 27년 동안 감옥에서 생활하면서도 편지로 흑인 인권 운동을 멈추지 않았답니다. 그리고 백인에 대한 보복은 더 큰 보복으로 이어진다는 것을 깨닫고, 대화와 협상으로 차별을 없애야 한다는 생각을 하게 되었어요. 백인과 흑인 모두에게 화해와 용서가 필요하다고 생각했지요.

　일흔 살이 넘은 나이에 감옥에서 나온 넬슨 만델라는 백인 정

종신형 終身刑
감옥에서 죽을 때까지 갇혀 있는 것.
終 마칠 **종**
身 몸 **신**
刑 형벌 **형**

부와 흑인들 사이에서 협상을 잘 이끌어 내 평화적이고 민주적인 선거를 할 수 있게 만들었어요. 넬슨 만델라는 그 공을 인정받아 1993년 노벨 평화상을 받았고 그다음 해에는 남아프리카 공화국의 자유 총선거를 통해 남아프리카 공화국 최초의 흑인 대통령으로 선출되었답니다.

그 후로 남아프리카 공화국에서는 인종 차별 정책이 완전히 없어졌고 그로 인한 싸움도 끝나게 되었어요. 넬슨 만델라는 전 세계 사람들에게 세계 인권 운동과 평화를 위한 상징적인 존재로 기억되고 있답니다.

달 착륙을 성공시킨 여성 천재 수학자

캐서린 존슨 1918~

1969년, 미국은 아폴로 11호를 발사해 인류 최초로 달에 사람을 보냈어요. 이 어마어마한 일을 해낸 곳은 미국의 항공 우주국, 우리가 '나사(NASA)'라고 부르는 곳이에요. 나사에 근무하는 수많은 기술자와 학자, 직원들의 노력으로 아폴로 11호는 달에 착륙했다가 무사히 지구로 돌아오게 되지요. 그중에서도 모든 사람들이 인정하는 큰 공헌을 한 사람은 캐서린 존슨이에요.

캐서린 존슨은 흑인 여성이에요. 당시만 해도 흑인들에 대한 차별이 여진했어요. 더군다나 나사처럼 과학자와 수학자, 공학자들이 많은 곳에서는 여자들을 찾기도 힘들었지요.

1960년대에는 지금처럼 계산을 해내는 컴퓨터가 없었기 때문에 모든 계산을 사람이 직접 해야 했어요. 캐서린 존슨은 천재 수학자였어요. 그래서 흑인에다 여성이었지만 나사에 꼭 필요한 인물이었지요.

하지만 캐서린 존슨이 나사에서 다른 백인 남성들과 같은 대우를 받았던 것은 아니었어요. 캐서린 존슨은 화장실을 갈 때도 유색 인종 여성용을 쓰기 위해 800미터나 떨어진 다른 건물로 가야 했어요. 같은 사무실에 근무해도 흑인들이 쓰는 주전자를 따로 써야 했지요.

캐서린 존슨은 이러한 모든 차별을 이겨 내고 수학자로서 백인과 남자들이 하지 못한 일들을 해냈어요. 그는 아폴로 11호를

공헌 貢獻
사회를 위해 힘을 써 도움이 되게 함.
貢 바칠 **공**
獻 드릴 **헌**

궤도 軌道
행성, 혜성, 인공위성 등이 중력의 영향을 받아 다른 천체의 둘레를 도는 경로.
軌 바퀴 자국 **궤**
道 길 **도**

달에 보낼 우주선의 궤도를 수학적으로 정확하게 계산해 낸 거예요. 이것뿐만 아니라 나사의 우주 비행사 프로그램에 모두 참여해 중요한 계산을 해냈지요.

컴퓨터로 계산을 하게 되었을 때도 오히려 컴퓨터가 한 계산이 맞는지 캐서린 존슨에게 확인을 받았다고 해요. 우주 비행사들조차 캐서린 존슨이 맞다고 해야 준비가 끝난 것이라고 이야기할 정도였어요.

캐서린 존슨은 가장 차별받았던 흑인 여성이라는 굴레 속에서도 꿋꿋이 자신의 능력을 발휘한 것이지요.

흑인 차별에 맞서 싸운 인권 운동가

마틴 루서 킹 1929~1968

여러분은 "나에게는 꿈이 있습니다."로 시작되는 유명한 연설을 들어 본 적이 있나요? 모든 사람이 평등하게 살아가는 것을 바라는 마틴 루서 킹의 연설은 미국 역사에 길이길이 남을 연설이 되었지요.

마틴 루서 킹이 살던 시대는 흑인 차별이 심해 버스도 같이 탈 수 없고 교회도 같이 다닐 수 없었어요. 가게에 백인만 들어올 수 있다는 문구가 붙어 있는 곳도 있었지요.

목사인 마틴 루서 킹은 흑인 차별을 반대하는 흑인 인권 운동을 했어요. 주로 평화적으로 거리를 행진하며 흑인도 백인과 같이 평등하게 대우해 달라는 집회를 열고 연설했지요.

1955년 버스를 탔던 흑인 여성 로자 파크스가 백인들을 위해 자리에서 일어나라는 요구를 거절했다가 경찰에 체포되는 일이 일어났어요. 이에 화가 난 마틴 루서 킹과 흑인들은 1년 넘게 버스 안 타기 운동을 하며 항의했지요. 덕분에 버스에서의 인종 차별은 불법이라는 선고를 받아 낼 수 있었어요.

마틴 루서 킹은 잠시도 쉬지 않고 미국 전역을 돌면서 비폭력적인 방법으로 흑인들의 인권 운동에 앞장섰어요. 10여 년 동안 노력한 결과 백인만 출입이 가능하다는 표지판이 사라지기도 했고, 일부 지역에서는 흑인들도 투표를 할 수 있게 되었어요. 그리고 노벨 평화상도 받았지요.

마틴 루서 킹은 그런 일들을 불쾌하게 여긴 백인들로부터 죽

평등 주等
권리, 의무, 자격 등이 차별 없이 동등함.
주 평평할 **평**
等 무리 **등**

이겠다는 협박을 수없이 받았어요. 그래도 킹 목사는 두려워하지 않고 사람들 앞에 나서서 연설을 했어요. 하지만 결국 이를 못마땅하게 여긴 한 백인 남성이 쏜 총에 맞아 세상을 떠났지요.

그는 세상을 떠났지만 그의 연설과 용감한 행동들은 그 후로도 많은 사람들에게 큰 영향을 끼쳤어요. 미국 사람들은 해마다 1월 셋째 주 월요일을 '마틴 루서 킹의 날'로 정해 기념하고 있어요. 마틴 루서 킹의 자유와 평등 정신을 기리고 감사하는 날이지요.

1963년 8월 28일. '일자리와 자유를 위한 워싱턴 행진' 중 워싱턴의 링컨 기념관 광장에서 25만여 관중 앞에서 연설하는 마틴 루서 킹

차별에도 재능을 발휘한 여성 수학자
소피 제르맹 1776~1831

　1776년에 태어난 소피 제르맹은 프랑스 파리의 부유한 집에서 태어났어요. 소피는 책 읽는 것을 좋아했는데 특히 수학과 과학 책 읽는 것을 좋아했지요.

　하지만 소피의 부모님은 소피가 수학과 과학을 공부하는 것을 반대했어요. 당시만 해도 여자가 공부를, 그것도 수학과 과학을 공부하는 것은 아무 쓸모가 없고 좋은 일도 아니라고 생각했거든요. 그래서 소피의 부모님은 소피가 공부를 할 수 없게 불을 켜지 못하게 했어요.

　하지만 너무나 공부를 하고 싶었던 소피는 부모가 잠이 들면 몰래 다락방에 올라가 이불을 뒤집어쓰고 촛불에 의지해 밤새 공부를 했어요. 그러던 어느 추운 겨울날 아침, 다락방에서 공부를 하다 온몸이 꽁꽁 언 채로 잠이 든 소피를 발견한 부모님은 깜짝 놀랐지요. 소피가 얼어 죽을 뻔한 뒤로 소피의 부모는 마지못해 공부를 허락했어요.

　혼자서 공부했던 소피는 19세 때 과학 기술 교육의 최고 학교인 에콜 폴리테크니크에 들어가고 싶었지만 여자라는 이유로 거절당했어요. 그래도 소피는 포기하지 않고 여러 교수들의 강의 공책을 얻어서 혼자 공부했지요.

　그중 라그랑주 교수가 낸 과제에 소피는 남학생 이름으로 과제물을 냈고 그것을 본 라그랑주는 놀라서 소피를 찾게 되었어요. 소피는 라그랑주의 도움으로 힘을 얻고 공부를 했지만 학교

거절 拒絶
다른 사람의 요구, 제안, 선물, 부탁 등을 받아 주지 않음.
拒 막을 **거**
絶 끊을 **절**

능력 能力
일을 감당하거나 해결할 수 있는 힘.
能 능할 **능**
力 힘 **력(역)**

나 연구소에서 수학자들과 토론하고 공부할 기회는 얻지 못했어요. 모두들 여자는 안 되니 남편과 함께 오라는 말만 했지요.

하지만 소피는 뛰어난 능력과 강한 의지로 연구를 쉬지 않았어요. 마침내 과학 아카데미가 주는 상을 받게 되었지요. 여자로서는 처음이었고, 그제야 수학자들의 모임에도 참석할 수 있었다고 해요.

소피 제르맹은 수학과 물리학, 화학, 역사, 철학 분야에서 자신의 뛰어난 능력을 보여 주었어요. 여자라는 이유로 학교 입학도 할 수 없었고, 과학 아카데미 회원도 될 수 없었지만 시대가 흐르면서 소피의 가치는 더욱 인정받게 되었어요. 지금도 파리에는 소피 제르맹의 동상과 이름을 딴 거리가 있다고 합니다.

고구려와 백제를 세운 여장부

소서노 기원전 66~기원전 6

우리나라는 옛날에 고구려, 백제, 신라의 삼국으로 나뉜 시대가 있었어요. 삼국의 각 나라마다 나라를 세웠을 때의 이야기가 지금까지도 전해져 내려오지요.

그런데 여러분은 고구려와 백제를 세운 사람이 같은 사람이라는 것을 알고 있나요? 그것도 소서노라는 잘 알려지지 않은 여성이랍니다.

소서노는 졸본부여 왕의 딸이었어요. 이미 결혼했지만 남편이 일찍 죽어 비류와 온조를 혼자 키우며 살고 있었지요. 소서노는 돈과 권력을 가지고 있었고 그 지역 사람들의 존경을 받고 있었어요.

그러던 중 소서노는 동부여 금와왕의 아들들에게 쫓겨 온 주몽을 만나게 되었어요. 소서노는 활을 잘 쏘고 총명한 주몽을 도와 군사들과 신하들을 모았어요. 그리고 주몽과 함께 고구려를 세웠고 각각 첫 번째 왕과 첫 번째 왕비가 되었지요.

소서노는 당연히 자신의 큰아들인 비류가 고구려의 두 번째 왕이 될 것이라고 생각했어요. 아니, 고구려 사람들 모두가 그렇게 생각했지요.

그런데 주몽은 부여를 떠나기 전에 이미 예씨 부인과 결혼을 했었어요. 그리고 예씨에게서 태어난 유리라는 아들이 왕이 된 주몽을 찾아 고구려로 왔지요. 주몽은 자신의 친아들인 유리에게 왕위를 물려주기 위해 태자로 삼았어요.

권력 權力
남을 복종시키거나 지배할 수 있는 권리와 힘.
權 권세 **권**
力 힘 **력(역)**

태자 太子
임금이나 황제의 자리를 이을 아들.
太 클 **태**
子 아들 **자**

충분히 왕이 될 능력이 있었지만 단지 여자이기 때문에 왕의 자리를 양보했던 소서노는 주몽에게 배신감을 느꼈어요. 두 아들과 함께 고구려를 떠나기로 했지요. 소서노와 두 아들은 새로운 나라를 세우기 위해 남쪽으로 내려왔어요. 소서노의 힘이 막강했기 때문에 많은 신하와 백성들이 소서노를 따라왔어요. 소서노는 둘째 아들 온조와 함께 지금의 한강 유역에 백제를 세웠고 온조는 백제의 첫 번째 왕이 되었지요.

소서노는 삼국 중 두 나라를 세웠지만 여자라는 이유로 역사에서조차 지워졌어요. 남성 중심의 세상에서도 당당하게 나라를 두 번이나 세운 소서노는 후대의 사람들에게 많은 것을 일깨워 준답니다.

부여와 졸본부여

부여는 북부여, 동부여, 졸본부여, 갈사부여 등으로 나뉘었어요. 주몽이 태어난 곳은 금와왕이 다스리고 있던 동부여이고, 금와왕의 아들들에게 쫓겨 와 자리를 잡은 곳이 졸본 지역이었어요.

『삼국사기』의 백제본기 온조 왕조에 의하면 '소서노는 졸본 지역의 지배층인 연타발의 딸'이라고 되어 있어요.

졸본부여는 5부족(환나, 연나, 관나, 계루, 비류)의 연합 부족으로 연타발은 졸본부여의 가장 강력한 세력인 계루부의 지도자이자 큰 상단을 거느리고 있었어요. 주몽이 고구려를 세울 수 있었던 것도 소서노와 그 집안의 재력 덕분이라고 할 수 있지요.

나이의 한계를 뛰어넘은 사람들

어떤 일을 하기에 적당한 나이라는 것이 있을까요?
나이에 상관없이 공부, 정치, 예술, 운동 등
많은 분야에서 활동하는 어린이와 노인들이 있어요.
이들은 보통 사람들이 생각하기에는 너무 어리거나 나이가 많지만
그 누구보다도 자신이 해야 할 일을 잘해 낸 사람들이지요.

미국 국토 횡단을 한 할머니 정치 운동가

도리스 해덕 1910~2010

　미국의 도리스 해덕은 정치인이 기업과 부자에게 돈을 받아 선거를 치르는 정치 자금법에 큰 문제가 있다고 생각했어요. 돈을 받아 출마해서 당선되면 그 당선자는 자신에게 돈을 준 기업과 부자에게 혜택을 줄 수밖에 없거든요. 도리스 해덕은 정치 자금법을 개혁해야 한다고 생각했어요.

　하지만 여든아홉 살의 평범한 할머니의 이야기를 정치인이나 국민들이 쉽게 들어 줄 것 같지 않았어요. 할머니는 자신의 뜻을 전하기 위해 사람들이 자신의 목소리를 들을 수 있게 할 방법을 생각해 냈지요. 그 방법은 젊은이도 하기 힘들다는 미국의 국토를 횡단하는 것이었어요. 그것도 걸어서 말이에요.

　미국은 워낙 땅덩이가 넓어 할머니의 걸음으로 국토 횡단을 하면 몇 달이 걸릴지 알 수 없었어요. 게다가 할머니는 천식과 폐 공기증을 앓는 여든아홉 살의 노인인 데다 키도 150센티미터밖에 되지 않았어요.

　하지만 할머니의 뜻을 말리지 못한 가족들은 할머니를 따라 캘리포니아에서부터 국토 횡단을 시작했어요. 처음에는 가족들만 함께 걸었지만 나중에는 할머니를 응원하며 같이 걷는 사람들이 많아졌지요. 나이 때문에 오래 걸을 수 없었던 할머니는 도중에 많은 도시에서 쉬어야 했어요.

　할머니는 걸어서 가는 도시마다 들러서 정치와 돈 문제가 연결되는 정치 자금법 개혁을 외쳤어요. 할머니의 연설과 도보 횡

출마 出馬
선거에 후보로 나감.
出 날, 나갈 **출**
馬 말, 벼슬의 이름 **마**

횡단 橫斷
대륙이나 대양 따위를 동서의 방향으로 가로 건넘.
橫 가로 **횡**
斷 끊을 **단**

부정부패 不正腐敗
바르지 못하고 썩을 대로 썩음.
不 아닐 **부**
正 바를 **정**
腐 썩을 **부**
敗 패할 **패**

단 소식은 미국 전역으로 퍼져 나가 많은 사람들의 지지를 받게 되었어요.

1월에 캘리포니아를 출발한 할머니는 4,800킬로미터를 걸어서 10월 말에 워싱턴 D.C.에 도착했어요. 당시 국회 의사당 앞에는 도리스 할머니를 응원하는 수천만 명의 사람들이 모여 있었지요.

"정치인들은 부정하게 돈을 받아서 선거 운동을 해서는 안 됩니다. 깨끗한 돈으로 하는 선거를 해야 정치인들의 부정부패에서 자유로울 수 있어요."

할머니의 뜻은 많은 사람들의 지지를 받았고, 결국 국회에서 개혁 법안이 통과되었어요.

"나이를 탓하며 주저앉기에는 남은 인생의 기회가 너무 많습니다."

여든아홉 살의 할머니 도리스 해덕은 많은 사람들에게 나이와 상관없이 무슨 일이든 할 수 있다는 믿음을 심어 주었지요.

세계 최고령 단거리 달리기 선수

미야자키 히데키치 1910~2019

 육상 종목 중에서 **순발력**과 체력이 가장 필요한 종목은 100미터 달리기 같은 단거리 달리기예요. 그래서 많은 선수들이 나이가 조금만 들어도 젊은 사람들의 힘을 따라가기 힘들어 은퇴하게 되지요.

 그렇다면 세계에서 가장 나이가 많은 육상 단거리 선수는 과연 몇 살일까요? 기네스북에 기록된 가장 나이가 많은 단거리 달리기 선수는 백여덟 살의 미야자키 히데키치 할아버지랍니다.

 할아버지는 같이 바둑을 두던 친구들이 하나둘 세상을 떠나자, 혼자 즐길 수 있는 취미를 찾았어요. 건강을 지킬 수 있는 달리기를 하자고 생각하고 아흔두 살 때부터 달리기를 시작했어요.

 할아버지는 아흔다섯 살이 되던 해부터 육상 대회에 참가했는데 같은 해에, 남자 100미터 달리기 최고령자 기록을 세웠어요. 2010년에는 100세 이상 100미터 달리기에서 29초 83으로 세계 신기록도 세웠지요.

 백다섯 살인 2015년에는 100m에서 42초 22의 기록을 세우며 세계에서 가장 나이가 많은 단거리 육상 선수로 기록을 세우기도 했답니다.

 사람들은 할아버지에게 빨리 뛸 수 있는 건강 비결에 대해 물어보았어요. 할아버지는 욕심부리지 않는 것과 음식에 신경 써야 한다고 대답했지요. 2014년 백네 살 생일을 기념한 인터뷰에

순발력 瞬發力
근육이 순간적으로 빨리 수축하면서 나는 힘.
瞬 깜짝일 **순**
發 필 **발**
力 힘 **력(역)**

도전 挑戰
정면으로 맞서 싸움을 걸거나 돋움.
挑 돋울 **도**
戰 싸움 **전**

서 언제까지 달리기를 할 것이냐는 사람들의 말에는 이렇게 대답했다고 해요.

"5년은 더 뛸 수 있다. 나는 아직 젊기 때문에 기록도 단축할 자신이 있다."

할아버지는 지구에서 가장 빠른 사나이인 우사인 볼트와 겨뤄 보고 싶다고 했어요. 그러면서 우사인 볼트의 번개 세레모니를 따라 하기도 했지요.

안타깝게도 할아버지는 2019년에 세상을 떠났어요. 나이는 숫자일 뿐이라는 말을 증명해 준 미야자키 히데키치 할아버지의 도전은 끝이 났지만 할아버지의 끝없는 열정은 우리들 가슴속에 여전히 살아 있답니다.

어린이 인권을 위해 목숨을 바친 어린이 노동 운동가

이크발 마시흐 1983~1995

이크발 마시흐는 1983년 파키스탄 무리트케 뒷골목의 가난한 집에서 태어났어요. 이크발의 아버지는 돈이 필요하게 되자 카펫 공장 사장에게 돈을 빌렸어요. 그리고 그 대가로 이크발을 공장에서 일하도록 계약했지요. 이크발은 어린 나이에 600루피(우리 돈으로 약 1만 5천 원)를 갚기 위해 카펫 공장에서 노예처럼 일해야 했어요.

카펫 공장 사장은 아이들을 도망가지 못하게 베틀에 묶어 놓았어요. 이크발을 비롯한 공장의 아이들은 베틀에 묶인 채 하루에 열두 시간 넘게 쪼그리고 앉아서 카펫을 짜야 했지요. 더구나 처음 1년의 수습 기간 동안은 돈을 한 푼도 받지 못했어요. 그리고 수습 기간이 끝난 후 하루 10시간 이상 일하고 받은 돈은 1루피, 우리 돈으로 겨우 25원을 받았지요.

노예 **노동자**로 일하던 이크발은 어느 날 탈출했다가 인권 운동가인 칸의 인쇄물을 보게 되었어요. 어린이들에게는 어린이로 살 권리가 있다는 내용이었지요. 이크발은 자신과 많은 파키스탄의 어린이들이 잘못된 노예 계약과 불법 노동을 강요받고 있다는 것을 알게 되었어요.

공장에서 도망치다 잡혀 수없이 맞기도 했지만, 결국 이크발은 탈출에 성공해서 칸을 찾아갔고 카펫 공장에서 풀려날 수 있었어요.

이크발은 학교에 다니면서 어린이 노동법에 대해 열심히 공부

노동자 勞動者
일을 하고 받은 돈으로 생활을 유지하는 사람.
勞 일할 **노(로)**
動 움직일 **동**
者 놈 **자**

방해 妨害
남의 일을 간섭하고 막아 해를 끼침.
妨 방해할 **방**
害 해할 **해**

했어요. 그리고 자신과 같은 어린이들이 강제 노예 노동에서 벗어날 수 있도록 인권 단체인 '노예 노동 해방 전선'에 들어가 앞장섰어요. 세계 여러 나라 사람들 앞에서 아이들의 강제 노동에 대해서 고발하고 도움을 요청했어요. 이크발 덕분에 많은 아이들이 강제 노동에서 벗어나 자유의 몸이 되기도 했지요.

하지만 공장 주인들에게는 이크발이 눈엣가시였어요. 아이들을 싸게 부려 먹을 수 있었는데 이크발이 방해가 되니까요. 결국 이크발은 공장 주인들이 고용한 남자가 쏜 총에 맞아 숨졌어요. 열두 살의 나이로 어린이들의 인권을 위해 싸우다 죽은 이크발은 2000년에 어린이 노벨상이라고 불리는 '세계 어린이상'의 첫 번째 수상자가 되었답니다.

어린이와 여성의 권리를 위해 싸운 어린이 인권 운동가

말랄라 유사프자이 1997~

1997년에 태어난 말랄라는 이크발처럼 파키스탄에서 나고 자랐어요. 말랄라는 교육 운동가이자 선생님인 아버지가 세운 학교에서 공부를 했어요. 하지만 대부분의 파키스탄 여성들은 교육을 받는 것이 힘들었어요. 파키스탄에 있던 탈레반이라는 <u>무장</u> 이슬람 단체가 여성들의 사회생활과 교육을 철저히 금지하고 있었거든요.

말랄라는 이러한 탈레반의 정책에 반대해 영국 BBC 방송국 블로그에 탈레반의 악행에 대한 비난 글을 올리고 여성도 교육을 받아야 한다는 자신의 생각을 밝혔어요. 말랄라의 글은 인터넷에 널리 퍼졌고 많은 사람들이 파키스탄의 여성 교육에 관심을 갖는 계기가 되었어요. 점점 말랄라를 응원하는 사람이 많아져 말랄라의 영향력이 커져 가고 있었지요.

그러던 2012년, 열다섯 살이던 말랄라는 학교 버스를 타고 집으로 가던 중에 탈레반 대원이 쏜 총에 머리를 맞았어요. 말랄라의 이마에 총알이 박히면서 머리뼈가 부서지고 뼛조각이 뇌로 들어가기도 했어요.

말랄라는 영국으로 옮겨져 여섯 차례에 걸친 힘든 수술을 받아야 했어요. 기적적으로 목숨을 건진 말랄라는 꾸준히 재활 치료를 받은 덕분에 퇴원할 수 있었어요. 말랄라는 그 후에도 자신의 <u>신념</u>을 굽히지 않고 여성 교육에 앞장섰어요.

말랄라의 소식은 전 세계 사람들에게 큰 충격과 감동을 주었

무장 武裝
전투를 하기 위한 장비를 갖춤.
武 무인 **무**
裝 꾸밀 **장**

신념 信念
변하지 않는 굳은 마음.
信 믿을 **신**
念 생각 **념(염)**

어요. 파키스탄 정부는 이 사건을 계기로 파키스탄의 모든 여학생들이 학교에 다닐 수 있도록 법을 만들었지요. 말랄라는 열일곱 살의 나이에 2014년 노벨 평화상을 수상해 최연소 노벨상 수상자가 되었어요.

"책과 펜을 듭시다. 그것이야말로 가장 강력한 무기예요. 한 명의 아이, 한 분의 선생님, 한 권의 책, 한 개의 펜이 세상을 바꿀 수 있습니다."

말랄라는 유엔 평화 대사로 일하며 지금도 전 세계 어린이들과 여성들의 인권과 교육을 위해 힘쓰고 있답니다.

환경 문제에 앞장선 어린이 환경 운동가
조녀선 리 1997~

1997년 미국에서 태어난 미국계 한국인 조녀선 리(한국 이름 이승민)는 어렸을 때부터 환경 문제에 관심이 많았어요. 열 살 때 다큐멘터리에서 지구의 환경 오염에 대한 심각성을 본 후로 환경 운동에 직접 나서기로 했어요.

열 살인 조녀선 리가 생각한 환경 운동은 인터넷 홈페이지에 자신이 글을 쓰고 그림을 그린 환경 동화를 올리는 것이었어요. 『고그린맨(GoGreenMan)』이라는 제목을 가진 그의 동화는 인터넷에서 아주 큰 관심을 불러일으켰지요.

조녀선 리는 자신의 동화에서 지구를 구하는 방법을 구체적으로 잘 알려 주었어요. 자기 자신도 환경 운동에 적극 뛰어들어 활동했지요. 조녀선 리는 열두 살 때 환경 단체인 '세계 청소년 환경 연대'를 만들었어요.

그는 비무장 지대 어린이 평화 숲 만들기 운동, 몽골 숲에 나무 심기 운동 등 세계 여러 나라의 환경 문제에 나섰어요. 2007년에 우리나라 태안반도에서 기름 유출 사건이 있었을 때는 한국으로 날아와 기름 제거 작업을 함께 하기도 했어요.

열네 살 때는 '유엔 사막화 방지 협약 총회'에서 홍보 대사로 임명되어 세계 각국의 정상들에게 지구를 지키기 위해 사막화를 막아야 한다는 편지를 보내기도 했어요.

그 후로 푸른 교실 프로젝트를 통해 학생들이 직접 환경 운동에 참여할 수 있는 방법을 알려 주고, 남북한 평화 문제에도

환경 環境
사람이나 동식물이 살아가는 데 영향을 주는 자연적 조건이나 사회적 상황.
環 고리 **환**
境 지경 **경**

실현 實現
꿈이나 기대 등 바라는 것이 실제로 이루어짐.
實 열매 **실**
現 나타날 **현**

적극적으로 나서고 있어요.

스무 살이 넘은 청년이 된 조너선 리는 지금도 환경과 평화 운동에 앞장서고 있어요. 지구와 사람을 위하는 일을 하고 싶었던 꿈을 실현하고 있는 것이랍니다.

'세계 어린이 환경 운동가'라는 이름에 걸맞게 앞으로도 꾸준히 깨끗하고 아름다운 지구, 모두가 행복해질 수 있는 평화로운 세상을 위한 일을 쉬지 않고 할 계획이라고 해요.

유대인의 비극을 알린 『안네의 일기』 저자
안네 프랑크 1929~1945

여러분은 『안네의 일기』라는 책을 읽어 본 적이 있나요? 어리고 평범한 소녀 안네가 죽음의 공포 속에 떨면서도 꿈을 잃지 않고 가족, 이웃들과 사랑을 나누는 이야기가 담겨 있어요.

『안네의 일기』를 쓴 안네 프랑크는 1929년 독일에서 태어났어요. 안네의 가족은 전 세계에 뿔뿔이 흩어진 옛 이스라엘 민족인 유대인이었어요. 독일의 '히틀러'는 나치 정권을 세워 전쟁을 일으키고 유대인들을 괴롭혔지요.

유대인들은 살던 곳에서 쫓겨나 끌려가서 힘든 노동을 하거나 한꺼번에 갇혀 죽기도 했어요. 나치 때문에 죽은 유대인이 500만 명 이상이라고 하니 그 당시에 많은 유대인들이 얼마나 큰 공포에 떨며 살아야 했는지 짐작할 수 있어요.

안네의 가족도 나치를 피해 아버지의 회사 건물 한쪽에 마련된 좁은 은신처에서 여러 가족과 숨어 살고 있었어요. 밖에도 나갈 수 없고 비좁은 공

1940년의 안네 프랑크

은신처 隱身處
몸을 숨기는 곳.
隱 숨을 **은**
身 몸 **신**
處 곳 **처**

수용소 收容所
많은 사람을 한꺼번에 한곳에 가두거나 모아 넣는 곳.
收 거둘 **수**
容 얼굴 **용**
所 곳 **소**

간에서 살면서 제대로 된 음식도 먹기 힘들었지만 목숨을 부지하기 위해서는 더 힘든 것도 다 참아 내야 했어요.

안네는 1942년, 열세 살 생일을 맞아 선물로 받은 일기장에 '키티'라는 이름을 붙이고 자신의 생활과 생각을 일기처럼 쓰기 시작했어요. 안네의 일기는 작가가 되고 싶은 꿈과 가족들과 이웃들의 이야기, 언제 들킬지 모르는 불안한 은신처 생활 등 열서너 살 소녀의 모습을 잘 보여 주고 있답니다.

안네는 1944년 8월 1일에 마지막 일기를 썼고 안네의 가족은 3일 후에 독일 경찰들에게 붙잡혀 유대인 수용소로 끌려갔어요. 안네의 엄마, 언니, 안네 자신은 그 수용소에서 세상을 떠나고 안네의 아버지만 살아남았지요.

전쟁이 끝난 후 1947년 안네의 아버지는 안네가 쓴 일기를 책으로 펴냈어요. 『안네의 일기』는 전 세계 사람들에게 많은 감동을 주었지요. 어린 소녀의 일기가 전쟁의 비극과 되찾은 평화에 대해 많은 생각을 하게 해 주었답니다.

안네 프랑크와 가족이 나치의 박해를 피해 숨어 있던 은신처 입구를 막아 놓은 책장

77세에 그림을 그리기 시작한 할아버지 화가

해리 리버만 1880~1983

여러분은 '늦었다고 생각할 때가 가장 빠른 때다.'라는 말을 들어 본 적이 있나요? 그 말은 아무리 늦게 시작해도 결코 늦은 것이 아니라는 뜻이지요. 해리 리버만은 그 말을 증명해 준 사람이랍니다.

폴란드에서 태어나 스물여섯 살 때 미국으로 이민을 간 해리 리버만은 재단사로 일했어요. 그러다 사탕 가게와 과자 만드는 일을 했어요. 시간이 흘러 모든 일에서 은퇴한 해리 리버만은 노인정에서 체스를 두며 하루하루를 무료하게 보냈지요.

어느 날 함께 체스를 두던 짝이 오지 않아 심심해진 해리는 미술실 앞을 어슬렁거리다 그림을 그리는 사람들을 보았어요. 해리는 그림을 그려 보라는 젊은이의 말에 고개를 갸우뚱거렸어요. '붓을 잡아 본 적도 없는 내가 무슨 그림을 그릴 수 있을까.' 하고 생각했지요. 하지만 어차피 할 일도 없는데 취미로 배워 보면 어떨까 하며 그림 공부를 시작했어요. 그리운 조국 폴란드의 모습도 그려 보고 싶었거든요. 그때 그의 나이가 일흔일곱 살이었어요.

그렇게 그림을 배운 해리는 고향 폴란드의 모습을 아름답게 그려 내기 시작했어요. 많은 사람들이 그의 그림을 보고 '미국의 샤갈'이라고 칭찬했지요.

해리 리버만은 백한 살이 되던 해에도 전시회를 열었는데 하루 종일 전시회장을 지키며 손님을 맞았다고 해요. 해리 리버만

증명 證明
어떤 사항이나 판단을 할 때 그것이 진실인지 아닌지 증거를 대어 밝힘.
證 증거 **증**
明 밝을 **명**

은 2년 후 세상을 떠날 때까지 26년 동안 스물한 번의 전시회를 열 만큼 왕성한 활동을 했어요. 유대인계 폴란드인이었던 할아버지는 폴란드의 모습뿐만 아니라 탈무드, 성경에 관한 그림도 많이 남겼지요. 그의 그림은 뉴욕과 워싱턴 민속 박물관, 시애틀 시립 박물관 등 미국의 전역에 널리 퍼져 전시되어 있어요.

"일흔, 여든 혹은 아흔 먹은 사람들에게 이 나이가 아직 인생의 끝이 아니라고 말해 주고 싶어요. 몇 년을 더 살 수 있을지 생각하지 말고 내가 어떤 일을 더 할 수 있을지 생각해 보세요. 무언가 할 일이 있는 것, 그게 바로 삶이에요."

할아버지가 남긴 말처럼 그의 그림과 삶은 많은 사람에게 감명과 용기를 주었답니다.

꼬리를 무는 PLUS 인물

백한 살까지 그림을 그린 할머니 화가
모제스 할머니 1860~1961

요즘은 인간의 수명이 늘어나 흔히들 '백 세 시대'라고 합니다. 그렇다면 백 살까지 무얼 하며 어떻게 살아야 할까요? 여기 그 답을 알려 준 할머니가 있어요.

모제스 할머니의 원래 이름은 애너 메리 로버트슨이에요. 할머니는 가난한 집에서 태어나 제대로 학교도 다니지 못하고 열두 살 때부터 스물여덟 살까지 가정부 생활을 했어요. 그 후 농부인 토마스와 결혼해서 농사일을 하고 자식을 낳아 길렀지요.

자수 놓는 것을 좋아했던 할머니는 일흔 살이 넘자 자수를 놓을 수가 없게 되었어요. 손가락에 관절염이 생겨 실과 바늘을 잡을 수 없었거든요. 그래서 모제스 할머니는 일흔여섯 살 때부터 자수 대신 그림을 그리기 시작했어요. 어린 시절의 추억과 농부의 아내로 살았던 자신의 삶을 화폭에 담았지요.

할머니의 그림을 사겠다는 사람이 생기고 동네 상점에서 팔던 그림이 수집가의 눈에 띄게 되었어요. 할머니는 유명해졌고 전시회도 열게 되었어요.

할머니는 여든 살이 넘어서 「어느 농부의 아내가 그린 그림들」이라는 첫 전시회를 열었어요. 할머니가 단풍나무 수액을 받아 시럽을 만드는 과정을 그린 그림은 우리 돈으로 14억 원에 팔렸지요. 그리고 할머니는 유명한 사람만 할 수 있다는 타임지의 표지 모델이 되기도 했어요. 할머니의 이름과 그림으로 기념우표도 만들어졌고, 미국 여성 잡지 『마드모아젤』은 여든여덟 살의 할머니를 '올해의 젊은 여성'으로 뽑기도 했어요.

할머니는 백한 살로 세상을 떠날 때까지 1,600점 가까이 되는 그림을 그렸어요. 그중에서 250점은 백 살이 넘어서 그린 그림이라고 해요. 백 살이 그림 그리기에 너무 많은 나이가 아니라는 것을 보여 준 멋진 할머니랍니다.

자수 刺繡
옷감이나 헝겊 등에 여러 가지 색실로 그림, 문자, 무늬 등을 수놓는 일. 또는 그 수.

刺 찌를 **자**   繡 수놓을 **수**

새로운 시작으로 세상을 바꾼 사람들

어떤 일이든 맨 처음 시작한 누군가가 있기 마련입니다.
우리가 지금은 당연하게 받아들이고 편하고 즐겁게 이용하는 것들은
새로운 것을 시작하고 도전한 사람들 덕분입니다.
새로운 발견과 새로운 시도를 하는 사람들의 창의력과 도전 정신,
연구는 더 나은 세상으로 우리를 이끌어 줍니다.

인터넷 세상을 만든 WWW의 개발자

팀 버너스 리 1955~

요즘은 어린아이부터 노인까지 인터넷을 이용하는 시대예요. 우리는 인터넷에서 자신이 찾고자 하는 사이트에 접속할 때 주소 창에 'www'로 시작하는 주소를 입력하지요. 이때 쓰는 www는 '월드 와이드 웹(World Wide Web)'의 앞 글자를 딴 것입니다. 웹(web)은 '거미줄로 만든 거미집'이라는 뜻이니 월드 와이드 웹을 해석하자면 '세계적인 거미집'이라는 뜻이지요. 거미줄처럼 복잡하게 얽힌 인터넷 망을 가리키는 말인데, 우리는 이 인터넷을 통해 수많은 정보를 손쉽게 얻을 수 있답니다.

지구를 하나로 묶어 주고 세상의 모든 지식을 한눈에 볼 수 있게 만든 월드 와이드 웹을 만든 사람은 바로 영국의 컴퓨터 과학자 팀 버너스 리예요.

팀 버너스 리가 유럽 입자 물리 연구소에서 연구원으로 일할 때였어요. 그는 연구원으로 일하는 많은 과학자들에게서 나온 정보가 잘 이용되지 못하는 것이 안타까웠어요. 과학자들끼리 정보를 쉽게 주고받으면 서로 편하고 더 좋은 결과가 빨리 나올 수 있을 텐데, 하고 생각했던 것이지요. 그래서 팀 버너스 리는 모두가 정보를 쉽게 전달하고 저장할 수 있는 방법을 연구했어요.

마침내 1990년 12월 버너스 리는 자신이 그동안 개발한 시스템을 발표했고, www로 시작하는 웹 주소가 세계 최초로 만들어지게 되었어요. 웹을 통해 정보를 올리고 공유하는 사람들이

정보 情報
관찰이나 측정을 통해 수집한 자료를 실제로 도움이 될 수 있게 정리한 자료.
情 뜻 **정**
報 알릴 **보**

공유 共有
공동으로 가짐.
共 한가지 **공**
有 있을 **유**

많아지면서 인터넷은 더 활발하게 이용되었지요.

버너스 리와 유럽 입자 물리 연구소는 웹을 누구나 무료로 사용해도 된다고 발표했어요. 버너스 리는 웹을 통해 많은 사람들이 서로 협력해서 정보를 나누고 익혀 세상을 발전시키는 힘이 되길 원했다고 해요.

이전에는 정보를 얻으려면 일일이 책이나 사전, 논문과 자료를 찾아야 했어요. 게다가 관련이 있는 사람이 아니면 쉽게 자료를 볼 수 없는 경우도 많았어요. 하지만 이제는 팀 버너스 리 덕분에 그의 바람대로 세상 사람들 모두 편하고 쉽게 정보를 얻게 되었답니다.

혈액형을 발견해 환자들을 구한 의사
란트 슈타이너 1868~1943

여러분은 자신이 무슨 혈액형인지 알고 있지요? 혈액형은 A형, B형, O형, AB형으로 나누어져요. 만약 많이 아프거나 다쳐서 누군가로부터 피를 받는 수혈을 해야 한다면 같은 혈액형이 필요하답니다.

하지만 자신과 맞지 않는 혈액형의 혈액을 수혈받는다면 어떻게 될까요? 불행하게도 목숨을 잃게 됩니다. 혈액형을 구분할 줄 몰랐던 옛날에는 수혈을 받다가 죽은 사람이 아주 많았어요. 다행히 무사한 사람은 우연히 혈액형이 맞았던 것이지요.

그래서 많은 의사들이 왜 다른 사람들의 혈액이 서로 섞이지 않는지 연구했어요. 서로 다른 사람들의 피를 섞으면 피가 끈적끈적한 덩어리로 변해 버렸거든요. 하지만 의사들이 아무것도 알아내지 못하자 사람들은 더 이상 수혈을 하지 않기로 했어요. 수혈을 받으면 살 수 있는 사람도 피가 끈적끈적하게 뭉쳐질 위험이 있어서 포기해야 했지요.

오스트리아의 의사인 란트 슈타이너는 이렇게 안타깝게 죽어간 환자들을 많이 보았어요. 슈타이너는 사람들이 서로 피를 주고받을 수 있다면 훨씬 많은 사람의 목숨을 살릴 수 있을 거라고 생각했지요.

피의 어떤 성질 때문에 서로 섞이지 않을까를 고민하던 슈타이너는 대학교 연구소에서 혈액 연구를 시작했어요. 수없이 자신과 동료들의 피를 뽑아 실험했지요. 그리고 마침내 사람의 혈액

혈액형 血液型
피의 유형.

血 피 **혈**
液 진 **액**
型 모형 **형**

수혈 輸血
건강한 사람의 혈액을 환자의 혈관 내에 주입하는 것.

輸 보낼 **수**
血 피 **혈**

이 세 가지 형태로 나뉜다는 것을 알게 되었어요. 란트 슈타이너는 혈액을 A형, B형, O형으로 나누었고, 1년 후에 다른 과학자에 의해 AB형도 발견되었어요.

란트 슈타이너 덕분에 많은 사람들이 수혈을 받아 목숨을 구했고, 슈타이너는 1930년에 노벨 생리·의학상을 받게 되었답니다.

구분			어머니 혈액형					
	표현형		A		B		O	AB
	표현형	유전형	AA	AO	BB	BO	OO	AB
아버지 혈액형	A	AA	A	A	AB	A, AB	A	A, AB
		AO	A	A, O	B, AB	A, B, AB, O	A, O	A, B, AB
	B	BB	AB	B, AB	B	B	B	B, AB
		BO	A, AB	A, B, AB, O	B	B, O	B, O	A, B
	O	OO	A	A, O	B	B, O	O	A, B
	AB	AB	A, AB	A, B, AB	B, AB	A, B, AB	A, B	A, B, AB

란트 슈타이너가 발견한 혈액형의 분류와 유전 형태

무의식의 세계를 발견한 정신 분석학자
지그문트 프로이트 1856~1939

우리는 강하게 기억에 남는 꿈을 꾸면 그것이 무엇을 의미하는지 알고 싶어 해요. 앞으로 일어날 일을 미리 알려 주는 징조인가 생각하기도 하고 내 무의식에서 일어나는 일들이 나타나는 것인가 생각하기도 하지요.

사람들은, 프로이트가 등장하기 이전에는 무의식의 세계라는 것을 알지도 못했고 생각해 보지도 않았어요. 나도 미처 알지 못하는 내 마음속의 깊은 곳에 들어 있는 것들이 나에게 큰 영향을 미친다는 것, 바로 무의식에 대해 알아낸 사람은 바로 오스트리아의 시그문트 프로이트랍니다.

프로이트는 우리가 꾸는 꿈이 무의식이 표현된 것이라 믿었어요. 그 꿈을 해석하는 과정을 통해서 그 사람의 무의식에 어떤 이야기가 들어 있는지 알 수 있다고 했지요.

프로이트는 사람들이 하는 실수, 기억, 말투, 사소한 행동들도 무의식에서 나온 모습들이라고 했어요. 그래서 정신적으로 고통받는 환자들도 무의식의 치료를 통해 병이 나을 수 있다고 주장했어요.

그의 이런 생각은 『꿈의 해석』이라는 책으로 나왔어요. 당시 많은 사람들은 프로이트의 생각을 믿지 않았고 오히려 반대하는 사람들도 많았어요. 프로이트처럼 생각하는 사람이 이전에는 없었거든요. 그가 주장하는 무의식이라는 것도 들어 본 적이 없었으니 세상이 깜짝 놀랄 수밖에 없었지요.

징조 徵兆
어떤 일이 생길 기미.
徵 부를 **징**
兆 점괘 **조**

무의식 無意識
의식이 없는 상태.
無 없을 **무**
意 뜻 **의**
識 알 **식**

분석 分析
얽혀 있는 복잡한 것을 풀어서 나눔.
分 나눌 **분**
析 쪼갤 **석**

하지만 프로이트는 포기하지 않고 자신의 연구를 계속해 나갔고 그를 따르는 제자들도 조금씩 늘어났어요. 지금은 프로이트만큼 세상의 많은 학문에 영향을 끼친 사람이 없다며 그의 연구를 칭송할 정도지요.

프로이트의 정신 분석 심리학은 심리학과 정신 의학뿐만 아니라 사회학과 문화 인류학, 문학, 범죄학, 미술계에 이르기까지 수많은 분야에 커다란 영향을 끼쳤답니다.

지동설을 주장한 천문학자
니콜라스 코페르니쿠스 1473~1543

여러분도 잘 알고 있다시피 옛날 사람들은 지구가 아니라 하늘이 돈다고 생각했어요. 태양이 우리가 사는 곳을 돌고 달과 별이 뜨고 지는 것도 그들이 움직이는 것이라 생각했지요.

요즘에는 누구나 지구가 태양 주위를 돌고 지구가 스스로 돈다는 '지동설'을 믿고 있지만 코페르니쿠스가 살았던 1500년대에는 모든 사람이 지구가 우주의 중심이고 하늘과 태양이 지구의 둘레를 돈다는 '천동설'을 믿었어요.

폴란드의 천문학자인 코페르니쿠스는 신학, 천문학, 법학, 의학까지 골고루 공부했고 신부와 의사로 활동하기도 했어요. 코페르니쿠스는 오랜 시간 천문학을 연구한 결과『천체의 회전에 관하여』라는 책을 발표했어요. 지금까지 많은 사람들이 믿어 왔던 세상의 이치를 완전히 뒤집는 내용이었지요. 우주의 중심은 지구가 아니라는 것이었어요. 달과 별, 태양의 움직임은 실제가 아니라 스스로 도는 지구의 운동 결과로 보이는 것이라고 주장했어요. 이 주장을 듣고 많은 사람들은 놀라기도 하고 믿지 않으려고 했어요.

하지만 또 다른 사람들은 코페르니쿠스의 지동설이 새로운 세상을 보게 해 주는 놀라운 발견이라고 칭찬하기도 했어요. 코페르니쿠스의 책은 종교계에서 읽지도 팔지도 말아야 할 책으로 정해 놓을 정도도 당시의 충격이 컸답니다. 오랜 세월 동안 사람들이 믿었던 종교와 세상에 대한 생각을 크게 바꾸어 놓았거든

지동설 地動說
지구가 자전하면서 태양의 주위를 돈다는 학설.
地 땅 **지**
動 움직일 **동**
說 말씀 **설**

천동설 天動說
우주의 중심은 지구이고 모든 천체가 지구의 둘레를 돈다는 학설.
天 하늘 **천**
動 움직일 **동**
說 말씀 **설**

금서 禁書
출판이나 판매, 읽지 못하게 법으로 금지한 책.
禁 금할 **금**
書 글 **서**

요. 코페르니쿠스의 책은 1616년에 교황청에서 금서로 정해졌다가 19세기 초가 되어서야 금서에서 풀렸어요.

코페르니쿠스는 세상에 대한 사람들의 생각을 올바르게 바꾸어 놓은, 인류 과학사에 크게 이바지한 천문학자랍니다.

X선을 발견해 세상 사람들을 도운 물리학자

빌헬름 뢴트겐 1845~1923

몸이 아파서 병원에 가면 기본적으로 하는 검사 중 하나가 바로 X선, 즉 엑스레이를 찍는 거예요. 내과나 치과, 정형외과 어디서나 엑스레이를 통해서, 눈으로 볼 수 없는 몸속 부분에 이상이 있는지 알아내지요.

병을 진단하는 데 큰 도움을 준 엑스레이를 발견한 사람은 독일의 물리학자 빌헬름 뢴트겐이에요. 뢴트겐은 음극선관이라는 것을 가지고 전기와 그 흐름을 나타내는 빛에 대한 연구를 하고 있었어요. 그러다가 자신이 발견한 광선이 나무판자, 헝겊, 책 등을 통과한다는 사실을 알게 되었지요. 그런데 광선이 납은 통과하지 못한다는 사실을 알고 더 많은 실험을 해 보기로 했어요.

뢴트겐은 자신의 아내를 불러 새로 발견한 광선을 손에 쪼이게 했어요. 그러자 아내의 손뼈가 사진처럼 선명하게 찍혔지요. 광선이 뼈는 통과할 수 없기 때문에 뼈가 그대로 찍힌 것이었어요. 뢴트겐의 아내는 자신의 손뼈 사진을 보고 너무 놀라 죽음을 본 것 같다고 얘기했어요.

뢴트겐은 이 광선에 'X선'이라는 이름을 붙였어요. 알파벳 X에는 알 수 없다는 의미가 있어요. X선은 '성질을 알 수 없는 새로운 광선'이라는 의미였지요.

뢴트겐은 X선의 발견을 논문에 발표했고 사람들은 이런 광선이 있다는 사실에 깜짝 놀랐어요. 언론들은 X선의 발견을 너도나도 반가워하며 알렸고, 뢴트겐은 X선으로 세계적인 과학자가

음극선관 陰極線管
전기를 연결해서 음극에서 전기가 나오도록 한 유리 진공관. 이 관에 전기를 연결하면 음극에서 음극선이 나옴.

陰 음기 **음**
極 대할 **극**
線 줄 **선**
管 대롱 **관**

광선 光線
빛 에너지가 전파되는 과정을 나타내는 선.

光 빛 **광**
線 줄 **선**

되었어요.

X선의 발견은 물리학뿐만 아니라 의학에도 큰 발전을 가져왔어요. X선의 발견으로 방사선과 방사성 원소들이 발견되었지요. 그것으로 현대 물리학의 출발점이 된 물질을 이루는 작은 입자들의 발견과 연구가 시작되었어요. 뢴트겐은 X선 발견으로 1901년 세계 최초의 노벨 물리학상을 받았답니다.

하루는 어떤 사람이 뢴트겐에게 와서 X선에 대한 특허권을 팔라고 했어요. 하지만 뢴트겐은 X선을 모든 인류가 함께 써서 활용하고 그 혜택을 받아야 한다며 거절했지요. 모든 특허를 거절한 뢴트겐은 늙어서는 돈이 없어 많이 고생하기도 했다고 해요.

하지만 그가 발견한 X선은 그의 바람대로 인류의 건강과 생활에 커다란 도움을 주고 있답니다.

완두콩 실험으로 유전의 비밀을 밝힌 학자이자 신부

그레고어 멘델 1822~1884

부모와 자식은 외모뿐만 아니라 성격, 잠버릇까지 닮기도 해요. 형제자매 사이에도 쌍둥이처럼 닮은 경우가 많지요. 사람들은 가족끼리 닮는 것을 그저 당연하게 생각했지만 멘델은 달랐어요. 부모와 자식 간에 이어지는 무언가가 서로를 닮게 만들었다고 생각했지요.

멘델은 어린 시절 아버지를 도와 농사와 식물을 가꾸는 일을 했어요. 자연스레 자연 과학에 관심을 갖게 되었고 자연 과학자가 되고 싶어 했지만 어려운 가정 형편 때문에 대학에 갈 수가 없었어요. 멘델은 아우구스티누스 수도원에 들어가 수도사가 되었는데 그곳에서 신학과 과학을 공부할 수 있었어요.

빈 대학에서 공부를 하고 수도원으로 돌아온 멘델은 식물학 연구에 힘썼어요. 다윈의 진화론을 공부하게 된 멘델은 더욱 관심을 갖고 식물들을 연구했지요. 마침 그 수도원에는 아주 큰 식물원이 있었어요. 멘델은 수도원에서 8년 동안 완두콩으로 실험하고 연구했어요.

멘델은 같은 성질의 완두콩끼리, 또는 다른 성질의 완두콩끼리 섞어 교배시켰어요. 그리고 완두콩의 여러 가지 성질들이 후대에 어떤 영향을 미치는지 오랫동안 꾸준히 연구하고 기록했지요.

그는 오랜 연구 끝에 한 세대에서 다른 세대로 전해지는 무언가가 있다고 결론 내렸어요. 멘델은 그것을 '잠재적 형성 인자'라

수도사 修道士
청빈, 정결, 순명을 서약하고 독신으로 수도하는 남자. 수사.
修 닦을 **수**
道 길 **도**
士 선비 **사**

교배 交配
생물의 암수를 억지로 수정시켜서 다음 자손을 얻는 것.
交 사귈 **교**
配 짝 **배**

고 불렀어요. 요즘 우리가 '유전자'라고 부르는 것이지요.

멘델은 유전자의 존재를 확인하고 통계적인 방법으로 알렸어요. 하지만 사람들은 전혀 관심이 없었어요. 그것이 얼마나 중요한지 어떤 결과를 가져오는지 그 당시 사람들은 미처 몰랐거든요. 게다가 멘델은 과학자 사회에서 정식으로 인정받는 공부를 한 과학자가 아니라 수도사였어요. 그렇기 때문에 그의 연구를 못 미더워하는 사람이 많았어요. 멘델의 실험은 아무에게도 인정받지 못한 채 끝났지요. 그리고 그 후 멘델도 수도원장이 되면서부터는 바빠서 더 이상 연구에 몰두할 수가 없었지요.

멘델은 늘 "나의 시대가 올 것이다."라고 말했다고 해요. 자신의 연구가 언젠가 빛을 볼 거라는 믿음이 있었거든요. 결국 멘델이 세상을 떠난 지 16년 만에야 그의 연구는 인정을 받았어요. 이제는 유전에 관한 이론을 '멘델의 법칙', '멘델의 유전 법칙'이라고 부른답니다.

인류 최초로 달에 발을 디딘 우주 비행사

닐 암스트롱 1930~2012

옛날 사람들은 달의 그림자 부분을 보고 토끼가 떡방아를 찧는 모습이라고 생각했어요. 우리나라 사람들뿐만 아니라 세상의 많은 사람들이 가 볼 수 없는 달에 대한 신비스러움을 간직하고 있었지요. 1969년 7월에 아폴로 11호가 달에 가기 전까지 말이에요.

미국 항공 우주국 나사는 달에 인간이 최초로 착륙하는 모습을 전 세계에 생방송으로 내보냈어요.

닐 암스트롱은 착륙선인 이글호에서 내려 달 표면을 걸어 다니며 사진을 찍고 암석 샘플을 주웠어요. 암스트롱이 미국의 국기인 성조기를 꽂는 모습까지 사람들은 텔레비전을 통해 생생하게 보았지요.

많은 사람들은 그 모습을 보고 충격을 받았어요. 닐 암스트롱이 달에 도착해서 둥둥 떠다니듯 달 위를 걷는 모습은 모든 사람들에게 놀라움과 기쁨을 주었지요.

우리 인간

도약 跳躍
더 높은 단계로 발전하는 것.
跳 뛸 **도**
躍 뛸 **약**

탐사선 探査船
지구나 다른 행성들을 탐사하기 위해 쏘아 올린 비행 물체.
探 찾을 **탐**
査 조사할 **사**
船 배 **선**

달 착륙선인 이글호에서 내리는 닐 암스트롱

아폴로 11호에 탄 3명의 우주인
(왼쪽부터 닐 암스트롱, 마이클 콜린스, 버즈 올드린)

이 달에 발을 디딜 수 있다는 것, 그저 뽀얗고 예뻐 보였던 달이 울퉁불퉁 분화구가 많은 모습이라는 사실이 너무나 충격적이었어요.

인간의 달 착륙은 요즘까지도 사람들에게 큰 이야깃거리랍니다.

닐 암스트롱은 인류 최초로 달에 발을 내딛은 인간으로 영원히 기록되었어요. 또 그가 달에서 남긴 말도 아주 잘 알려져 있지요.

"이것은 한 인간에게 있어서는 작은 한 발걸음이지만, 인류 전체에 있어서는 위대한 도약이다."

아폴로 11호가 달에 다녀온 후 세계 각국의 우주 개발은 더 힘을 받게 되었어요. 그의 말대로 인류의 우주 개발은 나날이 발전해 가고 있지요.

그 후로도 달에 탐사선을 보냈고 비록 사람은 가지 못했지만 화성에도 탐사선을 보냈어요. 화성에 착륙한 탐사선은 화성에 물이 있다는 사실을 발견해 사람들에게 생명체에 대한 궁금증을 불러일으키기도 했어요. 그리고 태양계를 도는 탐사선도 쏘아 올려 토성과 목성, 명왕성의 사진까지 볼 수가 있어요.

이제 인류는 닐 암스트롱의 한 걸음 덕분에 우주로 더 한 발짝씩 나아가고 있답니다.

자신만의 특별한 기술을 만든 높이뛰기 선수

딕 포스베리 1947~

여러분은 높이뛰기 경기를 본 적이 있지요? 자신의 키보다 더 높은 곳에 있는 가로대를 새처럼 날아 등 뒤로 뛰어넘는 모습이 참 멋지답니다.

예전에는 선수들이 지금과 같은 모습이 아니라 가위처럼 다리를 벌려 뛰거나 앞으로 구르듯이 가로대를 뛰어넘었어요. 지금처럼 얼굴과 배를 하늘로 향하고 등으로 뛰어넘는 '배면 뛰기'를 맨 처음 한 선수는 미국의 딕 포스베리예요.

딕 포스베리는 고등학교 때 높이뛰기 선수였어요. 열여섯 살 때 고등학교 육상 대회에 나가게 되었는데 정해진 높이를 뛰어넘을 수가 없었어요. 그 후 남들과 똑같은 자세로는 좋은 기록을 낼 자신이 없던 포스베리는 새로운 방법을 연구했어요.

여러 자세로 뛰어 보던 포스베리는 수영 선수들이 재주넘기를 하는 것을 보았어요. 나도 저렇게 거꾸로 재주를 넘는 것처럼 뛰어 보면 어떨까 하는 생각에서 뒤로 넘기를 연습했지요.

하지만 포스베리가 뛰는 모습을 본 사람들은 깜짝 놀라며 걱정했어요. 다리가 먼저 땅에 떨어지는 게 아니라 머리가 먼저 떨어지는 자세였기 때문이었어요. 다치지 않을까, 어떻게 말도 안 되는 자세로 뛸 생각을 할까, 생각했지요.

코치까지도 말렸지만 포스베리는 자신의 의지를 굽히지 않고 꾸준히 연습했어요. 그렇게 자신만의 기술로 대회에 나간 포스베리는 자신의 기록을 깼어요. 대학에 들어가서는 올림픽 선발전에

신기록 新記錄
기존의 기록을 뛰어넘는 새 기록.
新 새 **신**
記 기록할 **기**
錄 기록할 **록(녹)**

서도 우승을 했지요. 그리고 1968년에는 멕시코 올림픽에서 마침내 자신의 기술을 전 세계 사람들에게 선보였어요. 멋지게 뛰어 신기록을 세우며 당당히 금메달을 따냈지요.

포스베리가 뛰는 모습을 본 높이뛰기 선수들은 물론 일반 사람들까지 너무나 놀랐어요. 저렇게 뛰어도 되는 건지 의심하는 사람들도 있었어요. 하지만 포스베리의 높이뛰기 자세가 더 좋은 기록이 나오자 그 후로 선수들은 너도나도 포스베리의 자세로 뛰기 시작했지요. 그리고 지금은 대부분의 선수들이 포스베리가 했던 높이뛰기 자세로 뛰고 있어요. 이것을 '포스베리 뛰기' 혹은 '포스베리 기술'이라고 부른답니다.

포스베리는 모두가 앞으로 뛰어넘을 때 혼자서 과감히 뒤로 뛰어넘는 새로운 방법을 생각해 냈어요. 새로운 방법을 시도해서 좋은 성적을 거둔 포스베리의 용기와 의지가 오늘날의 높이뛰기를 더욱 멋진 스포츠로 만들어 냈답니다.

알츠하이머병을 알아낸 독일 의사

알로이스 알츠하이머 1864~1915

여러분은 치매라는 병에 대해 들어 본 적이 있나요? 기억력이 없어지는 것은 물론이고 심하면 자신이 누군지도 모르고 밥 먹는 법, 세수하는 법도 잊어버리는 무서운 병이에요. 정상적으로 생활하던 사람이 여러 가지 원인으로 뇌가 병이 들고 다쳐서 제 기능을 할 수 없게 되어 버리는 것이지요.

옛날에는 이런 치매가 나이가 들어서 생기는 병, 정신병의 일종이라고만 생각했어요. 치매에는 여러 가지 원인이 있는데 그중에서 가장 큰 원인은 알츠하이머병이에요.

독일의 의사 알로이스 알츠하이머는 뇌에 관련된 정신 질환의 원인을 오랫동안 찾고 있었어요. 15년 넘게 환자를 진료하며 자료들을 정리해 왔지요.

1907년 어느 날 알츠하이머는 한 여자 환자를 진료하게 되었어요. 그 환자는 마흔 살이 넘으면서부터 불면증에 시달렸고 사람을 잘 알아보지 못했고 장소와 시간도 기억하지 못했다고 했어요.

알츠하이머는 그 환자의 뇌 조직과 일반 사람들의 뇌 조직을 검사하여 비교한 결과 뇌의 일정한 부분이 손상되었다는 것을 알게 되었어요.

알츠하이머는 이 병의 원인이 뇌세포가 죽어 뇌가 쪼그라들고, 그 주위까지 천천히 번져 뇌 기능이 떨어진다는 것을 밝혀냈지요.

불면증 不眠症
밤에 잠을 잘 못 자는 증상.
不 아닐 **불**
眠 잘 **면**
症 증세 **증**

알츠하이머는 이 같은 결과를 세상에 알렸어요. 그래서 이 병은, 병을 발견한 알로이스 알츠하이머의 이름을 따 '알츠하이머병'이라고 부르게 되었어요.

알츠하이머 덕분에 치매에 관한 여러 원인에 대한 연구가 활발해졌어요. 알츠하이머병이 진행되는 것을 늦추는 치료가 개발되고 있지요. 하지만 안타깝게도 100년이 넘은 지금까지도 병을 완전히 치료하는 방법은 찾지 못하고 있답니다.

비디오 아트의 창시자인 행위 예술가이자 미술가

백남준 1932~2006

여러분은 텔레비전을 쌓아 만든 탑에서 음악과 화면이 나오는 걸 본 적이 있나요? 텔레비전을 첼로 모양으로 쌓아서 음악을 연주하는 모습은요?

이러한 예술 분야는 쉽게 흔히 볼 수 있는 작품이 아닌 데다 그 모습도 익숙하지 않아요. 그래서 이러한 비디오 아트를 보는 사람들은 당황해 하기도 한답니다.

텔레비전과 카메라를 이용한 비디오 아트는 영상 예술이라는 예술의 한 분야로 자리 잡았어요. 비디오 아트를 맨 처음으로 시작한 사람은 바로 우리나라 사람인 백남준이에요.

백남준은 일본, 독일 등지에서 음악, 미술, 철학을 공부했어요. 백남준은 음악과 예술에 대한 생각이 자신과 같은 사람들과 함께 공연도 많이 했지요. 공연 중에 바이올린을 내리쳐 부수거나 피아노를 파괴하고 관람객의 넥타이와 셔츠를 잘라 내는 행위로 많은 사람들을 놀라게 하기도 했어요.

이러한 행위 예술과 함께 백남준은 텔레비전을 이용한 비디오 아트라는 것을 만들어 냈어요. 텔레비전을 좋아했던 청년 백남준은 비디오카메라로 원하는 장면을 찍어 텔레비전에서 여러 화면과 음악이 나오게 했어요. 물감과 종이 대신 텔레비전에 움직이는 그림을 그렸던 것이지요.

백남준은 처음 비디오 아트를 생각할 때 남은 학비를 다 털어 텔레비전 열세 대를 샀어요. 그리고 돈이 없어 1년 동안 거의 굶

영상 映像
영사막이나 브라운관, 모니터 등에 비친 상.
映 비칠 **영**
像 모양 **상**

다시피 했다고 해요. 하지만 백남준이 만든 텔레비전의 움직이는 그림은 또 다른 예술 세계를 만들어 냈고 세상을 놀라게 했어요. 사람들이 상상하는 그 이상의 것을 만들어 냈거든요.

새롭고도 놀라운 백남준의 영상 예술은 세계 여러 나라의 많은 미술관과 박물관에서 서로 전시를 하려고 난리가 났어요. 백남준은 창조적인 예술적 가치를 인정받아 베니스 비엔날레 황금사자상, 유네스코 피카소 메달 등 수많은 상을 받았어요. 2006년에는 미국 타임지가 백남준을 아시아의 영웅으로 선정하기도 했답니다.

1,003개의 TV 모니터를 탑처럼 쌓아 올려 구성한 백남준의 비디오 아트 「다다익선」

입체주의를 대표하는 스페인의 화가

파블로 피카소 1881~1973

스페인에서 태어난 피카소는 말을 배우기 시작할 때부터 그림을 그리기 시작했어요. 학교에서는 읽기와 쓰기를 제대로 하지 못해 졸업하기 힘들 정도였지만 그림은 아주 잘 그렸어요. 미술 교사인 아버지 덕분에 그림을 배우게 된 피카소는 그 천재적인 재능을 살리기 위해 파리로 미술 공부를 하러 떠났어요.

피카소는 프랑스에서 미술 공부를 하며 고흐, 모네, 르누아르, 마티스 등의 영향을 받았어요. 특히 마티스가 보여 준 아프리카 조각품을 보고 자신만의 생각으로 그림을 그리기 시작했지요.

피카소의 그림은 한 방향에서 보는 그림이 아니라 그림 한 장에 여러 방향에서 보이는 모습을 모두 합쳐서 그렸어요. 얼굴을 그릴 때 대부분의 그림처럼 정면이나 옆모습 등 한쪽만 그리는 것이 아니었어요. 왼쪽 얼굴은 앞에서 보는 모습, 오른쪽 얼굴은 옆에서 보는 모습, 코와 귀도 각각 다른 방향에서 보이는 모습을 그렸지요. 그 모습이 너무나 이상해서 사람들은 놀라기도 하고 싫어하기도 했어요. 너무나 새로운 피카소의 기법과 그림이 그동안 사람들이 봐 왔던 그림들과 너무 달라 익숙하지 않았거든요.

하지만 그의 입체적인 그림은 점점 인정을 받게 되었어요. 피카소라는 천재는 이미 인기인이었고 그의 작품은 워낙 독특했으니까요. 그의 인기는 점점 높아져 입체주의라는 새로운 미술의 역사를 쓰게 되었지요.

천재 天才
선천적으로 뛰어난 재능을 가지고 태어난 사람.
天 하늘 **천**
才 재주 **재**

기법 技法
기교와 방법.
技 재주 **기**
法 법 **법**

피카소는 작품 「게르니카」를 통해 조국인 스페인에서 일어난 전쟁의 아픔을 표현하며 평화의 메시지를 세계에 전하기도 했어요.

피카소의 대표작으로는 「아비뇽의 처녀들」, 「우는 여인」, 「전쟁과 평화」 등이 있고 한국 전쟁의 비극을 표현한 「한국에서의 학살」이 있어요.

피카소는 20세기 최고의 화가로 꼽히고 있으며 미술계를 가장 크게 바꾸어 놓은 인물로 기억되고 있답니다.

신의 눈으로 사물을 본 인상주의 화가
클로드 모네 1840~1926

모네가 자신의 그림 「인상 : 해돋이」를 전시회에 내걸었을 때 많은 사람들이 그의 작품을 비웃었어요. 전시회를 관람한 비평가는 모네 작품의 제목을 비꼬고 놀리는 의미로 인상만 그린 인상파 화가들의 전시회라고 글을 썼어요. 그렇게 모네와 같이 작품을 한 화가들은 '인상파 화가'라고 불리게 되었지요.

모네의 그림이 이렇게 사람들의 차가운 시선을 받은 이유는 기존의 방식대로 그림을 그리지 않고 자신의 눈으로 보는 그대로 그렸기 때문이에요. 모네는 사물이나 풍경의 모습을 사실적으로 분명하게 그리지 않고 빛의 방향에 따라 달라 보이는 순간의 모습을 그렸어요. 모네는 빛의 변화에 따라 달라지는 색과 형태를

비평가 批評家
사물의 옳고 그름, 아름다움과 추함 등을 분석해 가치를 논하는 사람.
批 비평할 **비**
評 평할 **평**
家 전문가 **가**

경치 景致
산, 들, 강, 바다 등 자연의 모습.
景 볕 **경**
致 이를 **치**

클로드 모네의 작품 「인상 : 해돋이」

보여 주기 위해 같은 경치나 사물을 여러 편 그리기도 했지요.

인상파 화가들은 여덟 번의 전시회를 통해서 자신들의 그림을 선보였고 점점 사람들은 그 가치를 인정하게 되었어요. 모네는 인상주의를 시작하고 마지막까지 인상주의 그림을 그렸던 인상파의 대표 화가가 되었지요.

사과 그림으로 유명한 폴 세잔은 모네를 두고 이렇게 말하기도 했어요.

"모네는 신의 눈을 가진 유일한 인간이다."

그만큼 모네는 사물과 경치를 다양한 눈으로 보고 아름다운 그림을 그려 냈어요. 모네는 늙어서 눈병으로 고생해서 눈 수술을 두 번이나 받아야 했지만 자신의 눈으로 세상을 보는 그림을 멈추지 않았어요. 수련을 모델로 그린 200점이 넘는 「수련 연작」은 모네의 대표작이라고 할 수 있어요. 수련이 빛과 각도에 따라 어떻게 달라 보이는지 잘 표현했지요.

그는 시력을 잃어 가면서도 죽을 때까지 2,050점이 넘는 그림을 그렸답니다.

인상파 화가들에는 누가 있을까요?

클로드 모네와 함께 빛의 그림을 그린 화가로는 에두아르 마네, 오귀스트 르누아르, 카미유 피사로 등이 있어요. 주로 19세기에 활동했던 화가들이지요.

마네는 인물화를 주로 그렸고, 르누아르는 부드럽고 따뜻한 느낌의 소녀와 여인들을 많이 그렸어요. 피사로는 풍경을 주로 그렸는데 시력이 나빠져서 외부 활동을 할 수 없게 되자 창밖으로 보이는 파리 시내를 그렸어요.

이러한 인상파 화가들에 영향을 받은 화가들이 그 후에도 나타났어요. 인상파 화가들의 색 표현 방법 등을 이으면서도 자신들의 개성적인 감정을 넣어 그린 화가들을 후기 인상파 화가라고 불러요. 후기 인상파 화가로는 폴 세잔, 빈센트 반 고흐, 폴 고갱 등이 있답니다.

대륙이 이동한 사실을 발견한 과학자
알프레트 베게너 1880~1930

여러분은 세계 지도를 관심을 갖고 본 적이 있나요? 세계 지도의 각 대륙들을 이어 붙여 보면 퍼즐이 맞듯 서로의 경계선이 잘 들어맞는다는 것을 알 수 있어요. 이 사실은 옛날 사람들도 알고 있었어요. 하지만 그냥 다들 생각뿐이었지요.

하지만 알프레트 베게너는 달랐어요. 각 대륙들을 붙여 보면 한 덩어리처럼 붙는 모양이 된다는 것을 알고 먼 옛날에는 각 대륙들이 한 덩어리였다고 주장했어요. 그러고는 대륙들이 갈라져 떨어져 서서히 움직였다고 했지요. 대륙들이 멀어진 빈틈에는 바다가 생기고 서로 충돌하는 곳에는 산맥이 생겼다고 말이에요.

하지만 사람들은 알프레트 베게너의 말을 믿지 않았어요. 베게너는 지질학자가 아닌 기상학자였거든요. 기상학은 지구의 공기와 날씨를 연구하는 학문이에요. 지질학자가 아니라는 이유로 자신의 말을 믿지 않자, 베게너는 여러 가지 증거를 모으기 시작했어요. 서로 다른 대륙에서 같은 화석이 발견되었다는 것, 다른 대륙에서 아주 비슷한 식물과 동물의 종류가 같이 자라고 있다는 것, 적도 지방에 빙하가 퍼져 있다는 것 등이었지요.

베게너는 날씨, 화석, 산맥, 식물 등 다양한 분야에서 자신의 주장에 대한 증거를 발표했어요. 지구의 모든 학문을 연구해서 말이에요.

하지만 그래도 여전히 과학자들을 비롯한 많은 사람들이 베게너의 주장을 받아들이지 않았어요. 원래는 한 덩어리였던 대

지질학 地質學
지구와 그 주위의 지구형 행성을 연구하는 학문. 지구학.
地 땅 **지**
質 바탕 **질**
學 배울 **학**

기상학 氣象學
대기의 상태, 대기에서 일어나는 물리적 현상을 연구하는 학문.
氣 기운, 날씨 **기**
象 모양 **상**
學 배울 **학**

화석 化石
지질 시대에 살았던 동식물의 흔적이 남아 있는 것.
化 될 **화**
石 돌 **석**

륙이 지금처럼 각각 나뉘어졌다는 사실을 받아들이는 것은 엄청난 일이라고 생각했던 것이지요. 알프레트 베게너는 사람들의 시선에도 뜻을 굽히지 않고 끝까지 자신의 이론을 주장했어요.

그가 죽을 때까지 대륙이 움직였다는 '대륙 이동설'은 비난을 받았어요. 하지만 베게너가 세상을 떠난 후에 과학자들이 여러 가지 증거들을 더 종합해서 베게너의 주장이 맞다는 것을 증명했지요. 지금은 과학자들뿐만 아니라 세상 사람들이 다 베게너의 대륙 이동설을 믿고 있답니다.

베게너가 주장한 가상의 원시 대륙

손 씻기를 주장해 사람들을 살린 의사
이그나츠 필립 제멜바이스 1818~1865

우리는 외출해서 집에 돌아오거나 화장실에 들어갔다 나온 후에는 꼭 손을 씻어야 한다는 사실을 알고 있어요. 손에 온갖 세균이 묻어 있기 때문이지요.

하지만 160여 년 전만 해도 옛날 사람들은 그 사실을 몰랐어요. 그래서 수술을 하러 들어가는 의사나 간호사, 아기를 받는 의사들도 손을 씻지 않고 환자들을 만졌어요. 그래서 아기를 낳는 산모들이나 수술을 받고 난 환자들이 죽는 경우가 아주 많았지요.

헝가리의 의사 제멜바이스는 산부인과에서 근무하다 새로운 사실을 발견했어요. 의사들이 아기를 받은 산모들이, 조산사들이 아기를 받은 산모들보다 더 많이 죽는다는 점이었어요. 의사들은 수술을 하거나 다른 환자들을 만진 손으로 아기를 받았어요. 다른 환자들을 만진 손을 씻지 않고 산모들의 아기를 받았기 때문에 산모들이 병에 감염될 확률이 높았던 거예요.

제멜바이스는 의사들에게 비누와 소독약으로 손을 깨끗이 씻고 산모들이 아기를 낳는 것을 돕게 했어요. 그랬더니 산모가 죽는 확률이 아주 낮아졌어요.

그러던 중, 제멜바이스의 친구가 죽은 환자를 조사하다 손이 칼에 살짝 찔린 후 사망했어요. 제멜바이스는 친구가 죽은 환자와 접촉했을 때 무언가 나쁜 균에 감염되었다고 생각했어요.

제멜바이스는 자신의 생각을 믿고 많은 의사와 의대 학생들

조산사 助産師
산모가 아기를 낳는 것을 도와주는 사람.
助 도울 **조**
産 낳을 **산**
師 스승 **사**

에게 환자를 돌보기 전에, 또 수술하기 전에 꼭 손을 씻어야 한다고 주장했어요. 하지만 당시에는 제멜바이스의 의견을 받아들이는 사람이 별로 없었어요.

의사들 자신이 손을 깨끗이 씻지 않아서 그동안 환자들이 죽었을 수도 있다는 것을 인정하기 싫었던 것이지요. 게다가 손을 씻는 것이 시간이 걸리고 귀찮기도 했고요.

제멜바이스의 연구와 주장은 잊혔고 그는 쓸쓸히 세상을 떠났어요. 하지만 그 후로 화학자들에 의해 미생물과 질병의 관계에 관해 밝혀졌어요. 이제는 제멜바이스의 연구가 진정으로 환자들의 목숨을 구했다고 믿게 되었답니다.

살충제의 위험을 알린 생물학자이자 작가
레이첼 카슨 1907~1964

여러분 집에서도 모기나 벌레를 죽이기 위해 화학 살충제를 뿌린 적이 있지요? 그런데 여름이면 많이 등장하는 화학 살충제가 환경을 오염시키고 인간들의 몸에도 해가 된다고 합니다.

물론 옛날 사람들은 그런 사실을 몰랐어요. 사람들은 농사를 지을 때도, 정원과 숲에서도, 심지어 집 안에서도 화학 살충제를 마구 뿌렸어요. 벌레를 죽이기 위해서였지요. 작은 벌레를 죽이는 것이 세상에 어떤 영향을 끼칠지 생각해 보지 않았거든요.

미국의 생물학자 레이첼 카슨은 화학 살충제가 생태계에 어떤 영향을 끼치는지 연구했어요. 화학 물질은 곤충과 함께 사라지는 것이 아니라 곤충을 잡아먹는 물고기나 다른 짐승들의 몸속으로 들어가는 것이었어요. 결국 물고기를 먹고 고기를 먹는 사람들의 몸에도 해로운 살충제 성분이 들어간다는 것을 알게 되었지요.

레이첼 카슨은 『침묵의 봄』이라는 책을 써서 이러한 문제들을 알렸어요. 살충제가 얼마나 위험한 것인지 알리는 책이었지요.

『침묵의 봄』은 나무에 피해를 주는 해충을 잡으려고 뿌린 살충제가 여러 먹이 사슬을 통해 종달새에게 전해지는 이야기를 해 주고 있어요. 결국 종달새의 노랫소리를 들을 수 없어 침묵의 봄이 왔다는 이야기랍니다. 『침묵의 봄』은 전 세계 사람들을 혼란과 놀라움에 빠뜨리며 아주 잘 팔리는 책이 되었어요.

사람들은 아무것도 모르고 마구 썼던 살충제가 인간의 몸을

살충제 殺蟲劑
해로운 벌레를 숙이거나 없애기 위해 쓰는 약.
殺 죽일 **살**
蟲 벌레 **충**
劑 약제 **제**

모함 謀陷
나쁜 꾀를 써서 남을 어려움에 빠지게 함.
謀 꾀 **모**
陷 빠질 **함**

해치고 지구를 오염시키는 독이 되는 물질이라는 것에 충격을 받았어요. 살충제를 만드는 커다란 회사, 농장의 주인들은 자신들이 손해를 볼 것 같아 오히려 레이첼 카슨을 욕하고 거짓말로 모함하고 협박하기도 했어요.

하지만 결국 모든 비난과 비판을 이겨 낸 레이첼 카슨의 주장에 많은 사람들이 귀를 기울이기 시작했어요. 세상 사람들은 레이첼 카슨 덕분에 환경 문제에 대해 생각을 바꾸고 환경 보호 법안을 만들었지요. 레이첼 카슨의 영향을 받은 많은 사람들이 화학 물질에 대해 연구하고 환경 보호 단체를 만들어 지구 환경 보호에 앞장서고 있답니다.

실패를 딛고 일어선 사람들

누구나 실패를 할 수가 있어요.

중요한 것은 실패한 것이 아니라

실패를 어떻게 이겨 내느냐 하는 것이지요.

실패했어도 얻는 것이 있다면 그것은 결코 실패가 아니랍니다.

실패를 딛고 일어섰기에 더 큰 성공을 거둔

사람들의 이야기를 들어 볼까요?

다이너마이트를 발명한 발명가이자 사업가
알프레드 노벨 1833~1896

어린이들에게 가장 타고 싶은 상이 무엇이냐고 물으면 아마 많은 친구들이 노벨상이라고 대답할 거예요. 노벨상을 수상하면 많은 상금과 함께 큰 명예를 얻게 되는 가장 권위 있는 상이니까요. 이 노벨상을 만든 사람이 바로 스웨덴의 화학자인 알프레드 노벨이에요.

노벨의 집안은 폭약 공장을 가지고 있었어요. 폭약은 당시에 쓰임새가 굉장히 많았어요. 길을 내거나 언덕을 파거나 굴을 뚫기 위해서는 폭약이 꼭 필요했거든요. 하지만 폭약은 조그마한 충격에도 폭발을 해서 굉장히 위험했어요. 노벨의 폭약 공장에서 폭발이 일어나 다섯 명이 목숨을 잃는 사고가 일어나기도 했어요. 그 다섯 명 중에는 노벨의 막냇동생도 있었기 때문에 노벨에게는 더욱 충격이었어요.

하지만 노벨은 충격과 상심에도 절망하지 않고 연구를 계속했어요. 회사가 망할 위기에 처해 있을 때도 노벨은 안전한 폭약을 만들기 위해 애썼어요. 몇 번이나 실패하고 자신이 위험에 빠진 적도 있었지만 결코 포기하지 않았지요.

결국 노벨은 다루기에 간편하고 안전한 폭약인 다이너마이트를 만들어 냈어요. 노벨이 발명한 다이너마이트는 불티나게 잘 팔렸고 터널 건설과 돌을 캐는 채석 분야에서 엄청난 도움을 주었지요.

하지만 다이너마이트는 전쟁이 나자 많은 사람들을 죽이는

폭약 爆藥
센 압력이나 열을 받으면 폭발하는 물질.
爆 터질 **폭**
藥 약 **약**

폭발 爆發
불이 일어나며 갑작스럽게 터짐.
爆 터질 **폭**
發 필 **발**

상심 傷心
슬픔이나 걱정으로 기운이 빠짐.
傷 다칠 **상**
心 마음 **심**

무기로 이용되었어요. 노벨은 많은 돈을 벌었지만 자신이 만든 다이너마이트 때문에 많은 사람들이 목숨을 잃자 매우 슬퍼했어요. 미안함 때문이었을까요? 그는 1896년에 세상을 떠나면서 인류의 행복에 도움을 준 사람들에게 노벨상을 주라는 유언과 유산을 남겨 지금의 노벨상이 있게 되었답니다.

노벨의 유언, 노벨상

노벨상은 노벨의 유언에 따라 국적과 인종, 종교에 관계없이 누구나 받을 수 있고 한 사람이 한 번 이상 받을 수도 있어요.

노벨상은 물리학, 화학, 생리·의학, 문학, 평화, 경제학 부문에서 해마다 뛰어난 업적을 남긴 단체나 사람에게 줘요. 매년 노벨이 사망한 12월 10일, 평화상을 제외한 모든 부문은 스웨덴의 스톡홀름에서, 평화상은 노르웨이의 오슬로에서 시상한답니다.

노벨상의 상금은 노벨 재단의 수입에 따라 액수가 달라지는데 공동 수상자가 있을 때에는 상금을 나누어 지급한답니다.

슈퍼 옥수수를 개발해서 아프리카를 살린 육종 학자

김순권 1945~

여러분은 아프리카 대륙에서 우리나라 사람이 추장이 된 적이 있다는 것을 알고 있나요? 어떻게 된 일이며 그 사람은 누구일까요? 바로 옥수수 박사라고 불리는 김순권 박사입니다.

김순권은 가난한 어부이자 농부의 막내아들이었어요. 김순권은 열심히 공부해서 부모님께 효도하고 싶었어요. 그 당시에는 은행원이나 공무원이 돈 잘 버는 인기 직업이었어요. 그래서 김순권도 은행원이 되기 위해 상업 고등학교 시험을 보았어요. 그런데 그만 시험에서 떨어지고 말았지요.

김순권은 1년 동안 학교에 다니지 못한 채 새벽부터 밤늦게까지 아버지의 농사일과 물고기 잡는 일을 도와야 했어요. 그러다 다음 해에 농업 고등학교에 들어갔지요. 졸업 후 농협에 취직해 돈을 벌려고 했지만 농협 취직 시험마저 떨어졌어요.

논을 팔아 대학에 간 김순권은 꿈꾸던 **육종 학자**가 되기 위해 대학원에 진학하려고 했지만 또 시험에서 떨어지고 말았어요. 늘 시험에서 떨어지기만 했지만 김순권은 자신의 꿈을 위해 끝까지 포기하지 않았어요. 안 되니까 해 볼 만한 가치가 있다며 끈질기게 공부하고 연구했지요.

한국에서 슈퍼 옥수수 재배에 성공한 김순권은 굶어 죽는 아프리카 사람들을 위해 아프리카의 나이지리아에서 십 년 넘게 옥수수를 연구했어요. 그곳의 흙과 날씨, 벌레 등에 맞는 옥수수를 재배하기 위해 수십 번 수백 번 실패를 해야 했지요. 그렇

육종 학자 育種學者
식물을 더 가치 있게 개량하고 연구하는 학자.
育 기를 **육**
種 씨 **종**
學 배울 **학**
者 놈 **자**

추장 酋長
생활 공동체를 통솔하는 우두머리.
酋 우두머리 **추**
長 어른 **장**

게 연구한 끝에 아프리카에서 잘 자라는 슈퍼 옥수수를 개발했어요. 덕분에 굶어 죽어 가던 나이지리아 사람들은 옥수수를 먹고 또 수출하기도 했어요.

나이지리아 사람들은 자신들을 굶주림에서 구해 준 김순권 박사를 명예 추장으로 모셨어요. 김순권 박사는 아프리카 사람들을 굶주림에서 몰아낸 훌륭한 사람으로 기억되고 있으며 노벨상 후보에도 다섯 번이나 올랐다고 합니다.

노예 제도를 폐지한 미국 제16대 대통령

에이브러햄 링컨 1809~1865

미국 사람들에게 가장 존경하는 대통령이 누구냐고 물으면 대부분의 사람들이 링컨이라고 대답한다고 해요. 링컨은 미국인뿐만 아니라 전 세계 사람들의 존경과 사랑을 받는 훌륭한 대통령이지요.

링컨은 가난한 집안에서 태어났어요. 링컨은 학교에 다니지 못하고 일만 했지만 책 읽는 것을 무척 좋아했지요. 링컨은 스물세 살 때 사업에 실패했고 스물네 살 때 주 의회 선거에 나갔지만 떨어졌어요. 스물다섯 살 때 그의 사업이 완전히 망해서 빚을 갚으려고 17년간 고생했다고 해요. 스물여섯 살 때 약혼자가 갑작스럽게 세상을 떠나 오랫동안 힘들어했던 링컨은 스물여덟 살 때 입원까지 해야 했어요.

서른 살 때 주 의회 의장직 선거에서 졌고 서른두 살 때 정부 통령 선거 위원에 출마했지만 또 지고 말았지요. 그 후에도 수차례 상원 의원과 하원 의원, 부통령 후보로 나갔지만 모두 선거에서 떨어졌어요.

링컨이 선거에서 너무 많이 떨어지고 실패하자 친구들은 혹시나 링컨이 자살할까 봐 위험한 물건들을 감추기까지 했다고 해요. 언론들도 링컨을 정치인 중에서 실패를 가장 많이 한 사람, 실패가 운명인 사람이라고 얘기할 정도였지요.

보통 사람이 이 정도 실패를 했다면 진작 포기했겠지만 링컨은 달랐어요. 오히려 실패하고 떨어질 때마다 맛있는 음식을 먹

실패 失敗
일을 잘못해 성공하지 못함.
失 잃을 **실**
敗 패할 **패**

노예 奴隷
남의 소유물로 되어 부림을 당하는 사람.
奴 종 **노**
隷 종 **예(례)**

고 머리를 손질하며 다시 일어섰지요. 학교에도 다니지 못했지만 독학하여 변호사가 되기도 했고요. 마침내 링컨은 쉰두 살 때 미국의 제16대 대통령에 당선되었어요.

 흑인 노예 제도를 없애고, 남북 전쟁을 승리로 이끌었으며, 국가를 위해 모든 것을 바친 링컨. 어쩌면 그가 수많은 실패를 경험했기 때문에 더 강해지고 현명해졌는지 모릅니다.

포스트잇을 발명한 연구원들

스펜서 실버 1941~ & 아서 프라이 1931~

여러분 책상에 혹시 노란색의 떼었다 붙였다 하는 메모지가 있나요? 우리가 포스트잇이라고 부르는 메모지는 책이나 컴퓨터 등에 표시를 하거나 메모를 적기 위해 붙이는 종이예요.

사무실에서, 병원에서, 학교에서…… 쓰지 않는 곳이 없을 정도인 포스트잇은 실패 때문에 탄생한 발명품이랍니다.

스펜서 실버는 사무 용품, 의료 용품, 보안 제품 등을 만드는 다국적 기업인 3M에서 근무했어요. 물건에 붙여 꾹 눌러 주면 잘 달라붙는 강력 접착제를 연구하고 있었지요. 하지만 스펜서 실버가 개발해 낸 접착제는 잘 붙기는 하지만 그만큼 잘 떨어지기도 했어요.

스펜서 실버는 실패한 접착제를 어디에 쓸 수 있을까 고민했어요. 스펜서 실버의 접착제는, 원했던 강력 접착제는 아니었지만 쉽게 떼었다 붙였다 할 수 있었어요. 게다가 뗀 뒤에도 흔적이 남지 않아 몇 번씩 사용할 수 있었거든요. 스펜서 실버는 자신의 접착제가 결코 실패한 것이라 생각하지 않고 이 접착제를 틈이 나는 대로 알렸어요.

어느 날, 세미나에서 스펜서 실버는 자신의 접착제에 대해 열심히 발표했고 그것을 같은 회사 신제품 개발원인 아서 프라이가 듣게 되었지요.

아서 프라이는 교회에서 찬송가를 부를 때마다 찬송가 책에 끼워 둔 쪽지가 빠져서 불편했던 것이 생각났어요. 아서 프라이

접착제 接着劑
두 물체를 서로 붙이는 데 쓰는 물질.
接 이을 **접**
着 붙을 **착**
劑 약제 **제**

흔적 痕迹
뒤에 남은 자국이나 자취.
痕 흔적 **흔**
迹 자취 **적**

는 스펜서 실버의 접착제를 종이에 붙이면 종이가 찢어질 걱정 없이 쉽게 붙였다 떼었다 할 수 있을 거라고 생각했지요.

아서 프라이는 5년의 연구 끝에 지금의 포스트잇을 발명했고 포스트잇은 3M 회사를 대표하는 상품이 되었어요. 실패를 이용해 더 멋진 발명품을 만든 두 사람 덕분에 우리는 편리한 메모지를 갖게 되었답니다.

임진왜란 때 활약한 조선의 장군

이순신 1545~1598

우리나라 사람들이 가장 존경하는 위인을 꼽으라면 대부분 세종 대왕과 이순신 장군을 꼽을 거예요.

임진왜란이 일어났을 때 왜(일본)의 침략에서 조선을 구해 낸 영웅이자, 뛰어난 전술로 전투에서 이긴 유능한 장군이기도 하지요. 이순신이 나서는 전투마다 조선군이 승리하자 왜군은 이순신이라는 이름만 들어도 벌벌 떨며 도망치기 바빴다고 해요.

이순신은 원래 글을 읽는 집안에서 태어났기 때문에 문과 시험을 준비했어요. 그러다 **무관** 출신인 장인의 권유로 무술을 배우게 되지요.

이순신은 28세라는 늦은 나이에 무관 시험을 보게 되었어요. 말 타는 실력과 활쏘기 실력 등 무관 시험에 필요한 뛰어난 실력을 가진 이순신은 시험에 합격할 자신이 있었어요.

하지만 이순신은 시험을 치르던 중 그만 말에서 떨어지는 사고를 당했어요. 다리가 부러진 이순신은 시험에 떨어질 것 같았지만 포기하거나 좌절하지 않았어요. 버드나무 가지를 꺾어 그 껍질로 부러진 다리를 묶고 다시 말에 올라타 끝까지 시험을 치러 냈지요. 비록 무과 시험에는 떨어졌지만 포기하지 않고 끝까지 해내는 이순신의 모습은 실패를 이겨 내는 용감한 행동이었어요.

이순신은 임진왜란이 일어났을 때 나라를 위해 목숨을 바쳐 가며 싸웠어요. 하지만 선조는 이순신을 샘내는 신하들의 말을

무관 武官
활쏘기와 말타기 등 군사 기술 시험에 합격한 관리.

武 무인 **무**
官 벼슬 **관**

백의종군 白衣從軍
벼슬을 빼앗기고 가장 낮은 계급의 병사로 전쟁에 나가는 것.

白 흰 **백**
衣 옷 **의**
從 좇을 **종**
軍 군사 **군**

들고 감옥에 보내기도 하고 백의종군을 시키기도 했어요. 이순신은 두 번이나 백의종군을 하며 자신의 명예와 부하들을 잃어야 했지요.

하지만 이순신은 늘 오뚝이처럼 다시 일어났어요. 명량 해전에서는 고작 열세 척의 배로 일본군의 배 133척을 맞아 31척을 격파하기도 했어요.

이순신은 이 모든 고난을 이겨 내고 우리나라뿐만 아니라 세계 최고의 해군 장군이 되었답니다.

이순신이 임진왜란 중에 쓴 일기들

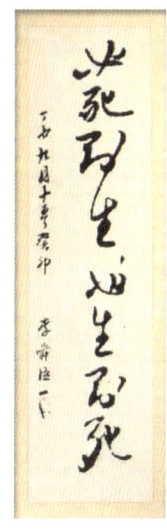

▶ 필사즉생 필생즉사. 명량 해전을 치르기 전 '죽기를 각오하고 싸우면 반드시 살고, 살고자 하면 죽는다.'는 다짐을 쓴 글

이순신과 '난중일기'

이순신은 임진왜란이 일어난 다음 날인 1592년 5월 1일부터 전사하기 전달인 1598년 10월 7일까지 연도별로 7권의 『임진일기』, 『계사일기』, 『갑오일기』, 『병신일기』, 『정유일기』, 『속정유일기』, 『무술일기』를 썼어요. 그런데 정조 때 『이충무공전서』를 편찬하면서 이순신의 일기와 『임진장초』 1권, 『서간첩』 1권을 묶어 '난중일기'라고 이름 붙인 거예요. 『임진장초』는 이순신이 임진왜란 당시 주요 전투 상황과 수군 운영에 관한 여러 문제 등을 조정에 보고한 문서인 장계의 초안이고, 『서간첩』은 이순신이 쓴 친필 편지들이에요. '난중일기'는 개인의 일기지만 임진왜란 기간 동안 치러진 매일매일의 교전 상황이나 개인적인 생각, 당시의 날씨, 전장의 지형, 서민들의 생활상까지 자세하게 기록되어 있어요. 1962년 국보 제76호로 지정되었으며, 2013년에는 유네스코 세계 기록 유산으로 등재되었어요.

세계 최초로 비행기를 발명한 형제 발명가
라이트 형제
윌버 라이트 1867~1912
오빌 라이트 1871~1948

인간은 오랜 옛날부터 새처럼 하늘을 날기를 원했어요. 실제로 날기 위해 여러 가지 방법을 시도하다 목숨을 잃는 사람도 많았지요. 미국의 라이트 형제는 하늘을 날고 싶어 하는 인간의 소망을 이루어 준 사람들이랍니다.

형 윌버 라이트와 동생 오빌 라이트는 어린 시절에 아버지에게서 프로펠러로 하늘을 나는 장난감을 선물로 받았어요. 둘은 장난감에 '박쥐'라고 이름을 붙여 가지고 놀았지요. 고등학교를 다니다 그만둔 형제는 같이 자전거 가게를 차렸어요. 기계를 다루는 것을 좋아해 자전거를 직접 만들어 팔았지요.

어느 날 형제는 글라이더를 타고 세계 최초로 하늘을 날았던 릴리엔탈이 사망했다는 소식을 듣고 어린 시절 꿈을 생각하며 자신들이 직접 비행기를 만들기로 했어요.

비행기 모형으로 200번 이상을 시험했고, 글라이더 시험 비행도 1,000번이나 했다고 해요. 그만큼 실패했지만 그때마다 고쳐서 다시 만들고 다시 시험 비행을 했던 것이지요.

수많은 실패 끝에 탄생한 플라이어 1호는 12초 동안 약 35미터를 날았어요. 사람이 비행기를 타고 하늘을 난 최초의 사건이었지요. 라이트 형제는 기자들을 다 불러 놓고 플라이어 2호를 시험했어요. 그런데 안타깝게도 플라이어 2호는 바람이 제대로 불지 않아 실패했어요. 기자들은 라이트 형제를 거짓말쟁이, 혹은 실패자라고 말하며 돌아가 버렸지요.

비행 飛行
공중으로 날아가거나 공중에서 날아다님.
飛 날 **비**
行 다닐 **행**

하지만 라이트 형제는 포기하거나 실망하지 않고 다시 도전했어요. 드디어 바람이 없어도 잘 날 수 있는 플라이어 3호를 만들었지요. 플라이어 3호는 30분 이상 방향을 마음대로 바꾸며 날 수 있었어요.

수많은 실패를 거듭해도 포기하지 않고 끝까지 노력해서 성공해 낸 라이트 형제 덕분에 우리는 지금 비행기를 타고 새보다 훨씬 빠르게 하늘을 날 수 있게 되었답니다.

라이트 형제가 세계 최초의 동력 비행기 '플라이어 호'를 만들기까지의 여정

1 1900년, 글라이더

2 1901년, 글라이더 추락 사고를 당한 윌버

3 1903년, 플라이어 1호를 타고 조종 중인 오빌과 나란히 달리는 윌버

4 1904년, 플라이어 2호를 타고 비행 중인 윌버

5 1905년, 플라이어 3호를 타고 비행 중인 오빌

세계 최초로 남극점을 정복한 탐험가
로알 아문센 1872~1928

사람들은 지구의 가장 북쪽과 남쪽은 어떤 곳일까 궁금했어요. 그래서 많은 탐험가들이 북극과 남극을 정복해서 이름을 남기고 싶어 했지요. 노르웨이 사람인 아문센도 그런 탐험가 중 한 사람이었어요.

아문센은 처음에는 배운다는 자세로 배를 타고 북극 바다를 다니는 탐험부터 시작했어요. 여러 사람들을 따라다니고 북극에 사는 이누이트족의 생활을 배우면서 자신의 실수와 실패를 차츰 고쳐 나갔지요.

1909년 아문센은 북극점을 탐험하기 위해 한창 준비 중이었어요. 그러던 중 미국의 탐험가 피어리가 최초로 북극점에 도달했다는 소식을 듣게 되었지요. 아문센은 무척 실망했어요. 출발도 하기 전에 실패를 한 셈이 되었거든요.

하지만 아문센은 포기하지 않고 목표를 남극점으로 바꾸었어요. 드디어 1910년에 아문센은 탐험대를 이끌고 남극점을 향해 노르웨이에서 출발했어요.

아문센은 기존의 유럽 탐험대의 방법이 아닌, 그동안 겪고 배웠던 경험을 교훈 삼아 탐험을 나섰어요. 이누이트족이 생활하는 대로 짐승 털가죽 옷을 입고 이누이트족의 썰매 개인 '시베리언 허스키'를 이동 수단으로 이용했지요.

그리고 무사히 돌아와야 한다는 생각에 지나가는 길목마다 깃발을 세우고 식량을 묻어 두었어요. 덕분에 짐도 가벼워져 탐

탐험가 探險家
위험을 무릅쓰고 알려지지 않은 곳을 찾아가 살펴보고 조사하는 일을 전문으로 하는 사람.
探 찾을 **탐**
險 험할 **험**
家 전문가 **가**

험대는 더 빨리 움직일 수 있었지요. 마침내 아문센이 이끄는 탐험대는 인류 최초로 남극점에 도달했고 탐험 대원들 모두 무사히 집으로 돌아왔답니다.

하지만 비슷한 시기에 출발했던 또 다른 탐험가 '스콧'의 탐험대는 아문센과 같은 철저한 준비가 없었어요. 그래서 모두 남극에서 세상을 떠나고 말았지요.

이후 아문센은 북극으로 떠난 이탈리아 탐험대를 구조하러 갔다가 비행기 사고로 죽고 말았어요. 마지막까지 탐험가 정신으로 살았던 인물이랍니다.

식량을 묻은 곳에 표시를 해 두면 짐도 가볍고 돌아올 때 굶지 않아도 되고 길도 잃지 않을 거야.

민주화 운동에 앞장선 대한민국 제15대 대통령

김대중 1924~2009

우리나라에서 유일한 노벨상 수상자는 누구일까요? 바로 2000년에 노벨 평화상을 수상한 김대중 전 대통령이지요.

김대중은 우리나라의 남쪽 끝부분인 전라남도 신안군 하의도라는 섬마을에서 태어났어요. 섬마을에서 바다와 하늘과 친구하며 뛰놀던 김대중은 초등학교 5학년 때 목포로 나와 학교를 다녔어요.

김대중은 어린 시절부터 책벌레라는 이야기를 들을 정도로 책을 많이 읽었어요. 그래서 글도 잘 쓰고 연설도 잘하게 되었지요.

스물아홉 살의 나이에 정치인으로 나서지만 여러 번의 선거에서 모두 떨어졌어요. 선거에 많이 떨어져 재산을 다 날리고 집안 형편은 많이 어려워졌어요. 그 와중에 고생만 한 첫 번째 부인마저 젊은 나이에 어린 아들들을 두고 세상을 떠났지요.

하지만 김대중은 정치를 포기하지 않았고 국회 의원이 되고 대통령 선거에도 나갔어요. 1971년 박정희와 겨뤘지만 선거에서 지고 말았어요. 그 후로 민주화 운동을 하다가 박정희 정권에 의해 납치되기도 했고 죽을 위기에 처하기도 했어요. 1980년대에는 전두환 정권에 의해 재판에서 사형 선고를 받기도 했어요. 다행히 국제 사회에서 김대중의 사형에 대해 압력을 넣어 겨우 목숨을 건질 수 있었지요. 이렇게 여러 번 죽을 고비를 넘기고 외국으로 망명을 다니기도 했어요.

망명 亡命
정치적인 이유로 위협을 받아 다른 나라로 가 보호를 받음.
亡 망할, 달아날 **망**
命 목숨 **명**

그는 1987년과 1992년에도 대통령 선거에 출마했지만 계속 떨어지고 말았어요. 그리고 1997년 12월, 드디어 네 번째 도전에서 그동안의 모든 어려움을 이겨 내고 대한민국의 제15대 대통령에 당선되었지요. 대통령이 되어서는 북한을 화해와 협력의 관계로 대하는 햇볕 정책으로 한반도에 평화를 가져왔어요. 그 공로로 2000년에 우리나라 최초이자 유일한 노벨 평화상을 받게 되었답니다.

야생에서 침팬지를 연구한 동물학자

제인 구달 1934~

우리는 동물원에서 침팬지를 봐요. 하지만 동물원에서 보는 침팬지와 야생에서의 침팬지의 모습은 많이 다르지요. 야생의 침팬지 모습이 침팬지의 참모습이라 할 수 있겠지요.

침팬지 연구를 위해 아프리카로 가 침팬지들과 수십 년을 함께 산 여성이 있어요. '침팬지의 어머니'라 불리게 된 제인 구달입니다.

제인 구달은 겨우 스물여섯 살의 젊은 나이에 침팬지 연구를 위해 아프리카 탄자니아의 침팬지 보호 구역에 찾아왔어요. 현지 사람들은 젊은 백인 아가씨가 이렇게 험한 밀림에서 침팬지들과 살기 힘들 테니 금방 포기하고 가 버릴 거라고 생각했어요. 더구나 제인 구달 이전에도 침팬지를 연구하는 학자들이 있었지만 모두 남성이었거든요.

제인은 혼자서 날마다 산을 오르며 침팬지들을 찾아다녔어요. 처음에는 침팬지를 가까이에서 보는 일조차 힘들었지요. 제인은 언덕 위에 앉아서 침팬지들이 자신을 볼 수 있게 했어요. 자기 모습에 익숙해져야 쉽게 다가갈 수 있을 테니까요.

많은 시간 동안 실패하고 기다려야 했어요. 그러다 마침내 침팬지들이 끈질기게 기다린 제인에게 가까이 다가왔고 자기들의 동족처럼 대하며 털을 골라 주기도 했어요.

오랜 관찰 끝에 제인은 침팬지에 대해 우리가 몰랐던 놀라운 사실을 알게 되었지요. 침팬지가 채식만 하는 것이 아니라 사냥

야생 野生
산이나 들에서 저절로 나서 자람. 또는 그런 생물.

野 들 **야**
生 날 **생**

우월감 優越感
남보다 낫다고 여기는 생각이나 느낌.

優 뛰어날 **우**
越 넘을 **월**
感 느낄 **감**

일인자 一人者
특정 분야에서 가장 뛰어난 사람.

一 한 **일**
人 사람 **인**
者 놈 **자**

과 고기 먹는 것을 즐긴다는 사실과 침팬지가 나뭇가지를 이용해 흰개미를 잡아먹는다는 것이었지요. 도구를 사용하는 것은 인간뿐이라고 생각하여 우월감을 가졌던 사람들은 큰 충격을 받았어요. 또한, 침팬지도 사람처럼 가족 간의 관계가 깊고 사회생활을 한다는 것도 알았어요.

많은 시간과 노력을 바쳐 침팬지 연구의 일인자가 된 제인 구달은 지금도 침팬지 연구와 보호를 위해 세계 여러 나라를 다니며 강연을 하고 있답니다.

꼬리를 무는 PLUS 인물

고릴라를 연구한 동물학자
다이앤 포시 1932~1985

　제인 구달이 '침팬지의 어머니'라면 다이앤 포시는 '고릴라의 어머니'라고 부를 수 있을 거예요. 다이앤 포시는 제인 구달처럼 유인원 연구가 중요하다는 것을 깨닫고 산악 고릴라를 연구하기로 했지요. 다이앤 포시는 산악 고릴라를 연구하기 위해 콩고 민주 공화국으로 갔다가 다시 르완다에서 연구를 계속했어요.

　다이앤 포시는 산악 고릴라를 연구하기 위해 그들과 함께 생활해야 했어요. 고릴라들은 처음에는 이 관찰자를 경계하고 피하고 겁을 주기도 했지만, 다이앤 포시는 포기하지 않았어요. 실패를 거듭했지만 그럴 때마다 한 가지씩 더 배운다고 생각했지요.

　다이앤 포시는 아주 오랜 시간 동안 고릴라를 관찰하며 그들의 언어와 행동을 이해하게 되었고 고릴라들에게 자신이 터득한 행동을 보여 주었어요. 많은 실수와 실패를 거친 후에야 고릴라들은 다이앤을 믿기 시작했지요. 드디어 다이앤을 친구로 받아들이게 된 거예요.

　수컷 고릴라인 피너츠가 다이앤의 손을 만지며 호감을 표현했을 때 다이앤은 큰 감동을 받았답니다. 이것은 고릴라가 스스로 인간에게 좋은 감정을 표현하는 첫 접촉이었거든요. 다이앤 포시가 고릴라를 관찰한 지 10개월이 지난 시간이었지요.

　다이앤 포시는 20년의 세월 동안 고릴라를 연구하고 보호하는 데 앞장섰어요. 하지만 밀렵꾼들은 멸종 위기의 고릴라를 보호하는 다이앤 포시 때문에 돈벌이를 하기 힘들어졌어요. 결국 다이앤 포시는 자신의 캠프 숙소에서 밀렵꾼들에게 죽임을 당하고 말았지요.

　다이앤 포시의 열정과 연구 덕분에 우리는 고릴라에 대해 더 잘 알게 되었고 많은 사람들이 고릴라 보호에 대해 관심을 갖게 되었답니다.

유인원 類人猿
긴팔원숭이류, 고릴라, 오랑우탄 등 긴팔원숭잇과와 성성잇속에 속하는 포유류를 통틀어 이르는 말.
類 무리 유(류)　　人 사람 인　　猿 원숭이 원

세상을 즐겁게 만든 사람들

우리가 재미있고 즐거운 생활을 하는 데에는
그것을 위해 자신의 많은 것을 바쳐 노력한 사람들이 있어요.
우리가 즐기는 많은 것들을 맨 처음 만들어 낸 사람들 덕분에
오늘도 즐겁고 시원하고 편리하게 생활하고 있답니다.

트램펄린을 만들어 낸 체조 선수

조지 니센 1914~2010

요즘 실내 놀이로 인기 많은 트램펄린은 부르는 이름도 참 많아요. 방방이, 퐁퐁이, 바운스 등 여러 가지 이름으로도 불리는 트램펄린은 놀이 기구이기에 앞서 운동 기구예요. 탄력성 있는 매트 위에서 뛰며 여러 가지 공중 자세 기술을 보이기도 하지요. 트램펄린은 제2차 세계 대전 중에는 항공 조종사의 자세를 잡는 훈련 기구로 쓰이기도 했어요.

그럼 이 재미있는 운동 기구를 만든 사람은 누구일까요? 바로 미국의 체조 선수였던 조지 니센이라는 사람이에요. 조지 니센은 래리 그리스올드라는 아이오와 대학의 체조 코치와 함께 텀블링 연습을 도와줄 트램펄린을 개발했어요. 그들은 천의 가장자리에 여러 개의 스프링을 연결했어요. 그리고 스프링이 달린 천을 사각형의 철로 된 테두리에 고정했지요. 그래서 그 위에서 조금만 뛰어도 몸이 튀어 오르게 만들었지요.

트램펄린이라는 이름도 조지 니센이 지었어요. 스페인어로 스프링보드를 뜻하는 엘 트램펄린에서 따온 이름이지요.

1930년대에 개발된 트램펄린은 많은 사람들의 사랑을 받아 운동 기구로, 놀이 기구로 이용되었어요. 그러다 2000년 시드니 올림픽 때부터는 올림픽 체조 부문 정식 종목으로 인정받게 되었지요.

우리는 조지 니센이 만든 트램펄린 덕분에 잠깐이지만 하늘을 나는 것처럼 공중에서 자유로워질 수 있게 되었답니다.

운동 運動
사람이 몸을 단련하거나 건강을 위해 몸을 움직이는 일.
運 옮길 **운**
動 움직일 **동**

탄력성 彈力性
물체가 외부에서 힘을 받았을 때 튀기는 힘이 있는 성질.
彈 탄알 **탄**
力 힘 **력**(역)
性 성품 **성**

텀블링 tumbling
재주넘기, 앞뒤로 돌기, 물구나무서기 등 몸을 위로 솟구쳐 회전하는 운동. 공중제비.

벨크로를 발명한 기술자이자 발명가

조르주 드 메스트랄 1907~1990

　우리는 운동화를 신을 때, 가방의 덮개를 덮을 때, 아기의 기저귀를 채울 때 찍찍이라고 불리는 벨크로 제품을 사용합니다. 어린 아기부터 노인까지 벨크로 제품을 사용해 보지 않은 사람은 거의 없을 정도지요. 벨크로는 편리하고 간단해서 수많은 곳에 쓰이고 있거든요.

　이 벨크로는 아주 우연한 기회에 발명되었어요. 스위스의 전기 기술자였던 메스트랄은 어느 날 자신의 개를 데리고 산책을 나갔어요. 산책을 하던 중 메스트랄은 개의 몸에 더덕더덕 붙어 있는 도꼬마리 열매를 보았어요. 개가 숲속을 헤집고 다닐 때 개의 털에 도꼬마리 열매가 달라붙은 것이지요.

　쉽게 떨어지지 않는 도꼬마리 열매를 보며 메스트랄은 그 이유가 궁금했어요. 확대경으로 들여다보니 도꼬마리 열매의 가시가 갈고리 모양이었어요. 그래서 한번 걸리면 꽉 붙잡는 성질이 있었던 것이죠.

　메스트랄은 갈고리를 이용한 제품을 만들어 보기로 했어요. 그리고 벨크로라는 이름을 붙인 테이프 천을 개발해 냈지요.

　벨크로는 군복에, 우주복에, 아이들 신발에 쓰이게 되어 아주 인기가 높아졌어요. 특히 인간으로서 처음으로 달에 발을 디뎠던 닐 암스트롱은 달에서 주운 암석을 우주복에 달린 벨크로 주머니에 넣기도 했어요.

　이제 벨크로는 지퍼, 단추, 끈 등을 대신해서 쓰이지 않는 곳

확대경 擴大鏡
물체가 크게 보이는 볼록 렌즈.

擴 넓힐 **확**
大 크다 **대**
鏡 거울 **경**

을 찾기 힘들 정도로 인기가 많은 제품이 되었답니다. 여러분도 집에서 벨크로 제품을 한번 찾아보세요. 벨크로 제품을 볼 때마다 어쩌면 메스트랄과 도꼬마리 열매의 가시를 기억하게 될지도 모르겠어요.

통조림의 아버지라고 불리는 병조림 발명 요리사

니콜라 아페르 1749~1841

우리는 캠핑을 갈 때나 여행을 갈 때 아니면 집에서도 통조림 음식을 많이 먹어요. 통조림은 음식을 가지고 다니기에도 편하고 오랫동안 보존이 가능해서 많은 사람들이 이용하지요. 그런데 이 통조림은 전쟁 때문에 발명되었다고 해요.

프랑스의 나폴레옹은 전쟁에 이기려면 병사들을 잘 먹여야 한다고 생각했어요. 하지만 전쟁을 하면서 음식 재료와 냄비, 그릇 등 음식을 만드는 도구를 나르는 것이 굉장히 힘들었기 때문에 병사들은 충분한 음식을 먹지 못했어요.

나폴레옹은 음식을 오랫동안 간편하게 먹을 수 있는 방법을 찾아낸 사람에게 큰 상금을 주겠다고 했어요. 그래서 많은 사람들이 오랫동안 음식을 보존할 여러 가지 방법을 생각했지요. 그 중에 니콜라 아페르라는 요리사가 있었어요.

아페르는 가난한 집의 아들로 태어나 어렸을 때는 제과점에서 일했어요. 아페르는 작은 제과점을 운영할 때 나폴레옹이 오랫동안 먹을 수 있는 음식의 조리 방법에 상금을 걸었다는 것을 알게 되었어요. 늘 그 문제를 연구하던 아페르는 오랜 경험을 바탕으로 여러 번의 연구 끝에 좋은 결과를 얻었지요.

푹 삶은 고기와 여러 가지 야채를 병에 넣고 병째로 끓인 뒤, 코르크 마개로 꽉 닫고 한 번 더 끓이는 방법이었지요. 아페르는 이렇게 만든 병조림을 나폴레옹에게 가져갔고 나폴레옹은 몇 주 전에 만든 음식이 먹을 수 있는 상태라는 것에 매우 놀랐다고 해요.

상금 賞金
상으로 주는 돈.
賞 상줄 **상**
金 쇠, 돈 **금**

아페르는 나폴레옹에게 받은 상금으로 작은 공장을 차려서 병조림 만드는 연구를 계속했어요. 아페르는 병조림을 만드는 방법에 대해 특허를 내지 않고 책으로 펴내 누구든지 사용할 수 있게 했어요. 전쟁을 치르는 군인들뿐만 아니라 배를 타는 선원들, 여행객 등 많은 사람들이 병조림을 좋아했어요. 오랫동안 음식을 보관하고 먹을 수 있는 아주 대단한 발명이었지요.

하지만 병조림은 작은 충격에도 깨지기 쉬웠어요. 그 후 프랑스군과 싸우던 영국에서 병조림의 단점을 보완해 금속 캔으로 통조림을 만들었지요. 사람들은 통조림을 있게 한 아페르를 '통조림의 아버지'라고 부르며 그의 발명에 고마워한답니다.

셜록 홈스를 만들어 낸 안과 의사
아서 코넌 도일 1859~1930

여러분은 명탐정 셜록 홈스의 이름을 들어 본 적이 있나요? 어떤 범죄라도 기가 막힌 추리로 범인을 찾아내는 셜록 홈스 말이에요. 셜록 홈스는 세상 사람들이 가장 좋아하는 소설 속 주인공 중 한 명이랍니다.

관찰력이 뛰어나고 놀라운 추리력을 가진 셜록 홈스를 만들어 낸 사람은 바로 영국의 아서 코넌 도일입니다. 코넌 도일은 원래 안과 의사였어요. 하지만 환자가 별로 없어 병원이 잘 운영되지 않았어요. 그래서 글을 쓰는 것을 좋아했던 코넌 도일은 추리 소설을 쓰기 시작했어요.

코넌 도일의 추리 소설은 사람들에게 큰 인기를 끌었고 소설 속 주인공인 셜록 홈스는 마치 실존 인물처럼 사람들이 친근하게 느끼게 되었지요. 코넌 도일의 소설 속에 셜록 홈스의 친구로 등장하는 의사 왓슨은 코넌 도일 자신의 모습이라고 생각하는 사람이 많아요.

코넌 도일은 추리 소설뿐만 아니라 시, 역사 소설, 공포 소설 등을 쓰기도 했어요. 하지만 가장 인기 있는 소설은 셜록 홈스가 등장하는 추리 소설이었기 때문에 추리 소설을 가장 많이 써야 했지요. 그러다 코넌 도일은 셜록 홈스가 나오는 추리 소설을 쓰는 것이 지겨워졌어요. 그래서 1893년 『마지막 사건』이라는 작품에서 셜록 홈스가 폭포에서 떨어져 죽게 만들었어요. 이제 셜록 홈스가 죽었으니 그를 주인공으로 하는 소설을 쓰지 않아도

실존 實存
실제로 존재함. 또는 그런 존재.
實 열매, 본질 **실**
存 있을 **존**

항의 抗議
반대의 뜻을 펴는 것.
抗 겨룰 **항**
議 의논할 **의**

되겠다고 생각했지요.

　하지만 셜록 홈스의 죽음은 독자들에게 커다란 충격이었어요. 홈스를 살려 내라는 항의 편지가 수천 통이 왔고 집으로 찾아오는 사람들도 있었어요. 무려 10년 이상이나 독자들의 항의에 시달린 코넌 도일은 무척 힘들어했어요. 결국 1905년 『셜록 홈스의 귀환』으로 셜록 홈스가 살아나는 새로운 소설을 써야 했지요.

　코넌 도일의 셜록 홈스 소설들은 지금까지도 많은 사람들의 사랑을 받는 가장 유명한 추리 소설이랍니다.

만화 영화를 제작한 만화 제작자이자 사업가

월트 디즈니 1901~1966

여러분은 미키 마우스, 미니 마우스, 도널드 덕과 같은 캐릭터를 본 적이 있지요? 캐릭터 인형을 가지고 있는 친구들도 많을 거예요. 이렇게 귀여운 캐릭터를 만들고, 전 세계 사람들이 가고 싶어 꿈꾸게 하는 디즈니랜드를 만든 사람은 바로 미국의 월트 디즈니입니다.

가난하고 일만 했던 힘든 어린 시절을 보낸 디즈니는 아이들에게 꿈과 희망의 세상을 보여 주고 싶어 했어요. 디즈니는 그림에 소질이 있어 여러 캐릭터를 만들었는데 사업이 잘 풀리지 않았고 자신이 만든 캐릭터를 다른 사람에게 빼앗긴 적도 있어요.

1828년 미키 마우스를 주인공으로 한 만화 영화 「증기선 윌리」가 대성공을 거둔 후 「백설 공주」, 「피노키오」 등 많은 만화 영화가 사람들의 사랑을 받으면서 디즈니의 회사는 세계 제일의

소질 素質
원래부터 가지고 있는 성질이나 능력.
素 본디 **소**
質 바탕 **질**

영화 映畫
움직이는 대상을 연속 촬영한 필름을 영사막에 비추어, 움직임을 실제처럼 재현해 보이는 종합 예술.
映 비칠 **영**
畫 그림 **화**

교외 郊外
도시의 주변 지역.
郊 들, 야외 **교**
外 바깥 **외**

「백설 공주」 속 일곱 난쟁이와 함께한 월트 디즈니

만화 영화 회사로 성장했지요.

만화 영화 사업으로 크게 성공했지만 디즈니에게 또 다른 고민이 생겼어요. 많은 어린이들이 디즈니 만화 영화에 나오는 캐릭터 친구들을 만나 같이 사진 찍고 싶다는 편지를 보내왔거든요. 마침 월트 디즈니도 자신의 딸들과 즐겁게 놀 수 있는 어린이들의 세상이 있으면 좋겠다고 생각하던 중이었어요. 그래서 디즈니는 로스앤젤레스 교외에 아이들과 어른들이 함께 행복해질 수 있는 동화 속 세상, 디즈니랜드를 만들었어요.

디즈니는 세상을 떠났지만 그가 만든 디즈니랜드는 아직도 많은 사람들이 찾아와 꿈과 동화의 나라에서 행복을 누리고 있어요. 또한 1923년 형과 함께 설립한 월트 디즈니 스튜디오에서는 「인어 공주」, 「라이언 킹」, 「라푼젤」, 「겨울왕국」, 「주토피아」 등 재미있는 만화 영화를 계속 만들어 내고 있답니다.

디즈니 vs 픽사

디즈니사가 만화 영화의 최강자였지만 미국 내에서 아주 쟁쟁한 경쟁자가 나타납니다. 바로 픽사 애니메이션 스튜디오였지요. 픽사에서 만든 애니메이션으로는 「니모를 찾아서」, 「몬스터 주식회사」, 「인크레더블」, 「토이 스토리」 등이 있어요.

픽사에서 만든 만화 영화가 인기도 많고 작품성도 인정받자, 당시에 뚜렷한 인기 작품이 없었던 디즈니사에서는 고민에 빠졌어요. 이대로 가다가는 디즈니의 이름값을 하기 힘들다는 생각이 들었던 것이지요.

마침 픽사 스튜디오도 작품은 잘 만들어 내지만 디즈니사처럼 든든한 회사가 필요했어요. 그래서 2006년에 디즈니사는 픽사 스튜디오를 합쳐 '디즈니·픽사' 회사를 만들었어요. 그리고 디즈니·픽사에서 만든 「카」, 「업」, 「라따뚜이」, 「인사이드 아웃」, 「코코」 등 많은 만화 영화가 크게 성공했지요. 앞으로도 디즈니·픽사 회사는 많은 만화 영화를 만들면서 세계 최고의 만화 영화 제작 회사의 자리를 지키기 위해 노력하고 있답니다.

만화 영화를 제작하고 만든 일본의 만화 영화 감독

미야자키 하야오 1941~

여러분은 작고 동그란 얼굴에 쫑긋한 작은 귀를 세운, 몸집이 크고 통통한 '토토로'라는 동물을 알고 있나요? 폭신폭신해 보이는 회색 털이 몸에 나 있지만 배 부분은 하얗지요. 바로 「이웃집 토토로」라는 영화에 나오는 캐릭터랍니다.

어린이 친구들이 대부분 보았을 만화 영화 「이웃집 토토로」는 일본의 만화 영화 감독 미야자키 하야오가 만들었어요. 디즈니가 만화 영화의 역사를 시작하고 세웠다면 미야자키 하야오는 만화 영화에 철학과 역사, 문화 등 다양한 것들을 담아 깊이 있게 만들었다고 할 수 있지요.

미야자키 하야오는 「바람 계곡의 나우시카」라는 만화 영화가 성공한 후에 지브리 스튜디오를 세워서 본격적으로 만화 영화를 만들었어요.

미야자키 하야오의 지브리 스튜디오에서 만든 만화 영화 「천공의 성 라퓨타」, 「원령 공주」, 「센과 치히로의 행방불명」, 「하울의 움직이는 성」, 「벼랑 위의 포뇨」 등은 어린이뿐만 아니라 수많은 어른들까지 좋아하지요.

미야자키 하야오의 만화 영화에서는 마법과 마녀, 변신과 같은 현실에서는 일어나지 않

미야자키 하야오가 디자인한 지브리 미술관

감독 監督
영화나 연극, 운동 경기에서 일의 전체를 지휘하는 일. 또는 그 책임을 맡은 사람.
監 볼 **감**
督 감독할 **독**

는 환상적인 이야기들이 많이 나와요. 덕분에 만화 영화를 보는 사람들의 동심을 일깨워 주고 무한한 상상력을 키워 주지요.

그의 아버지와 큰아버지가 비행기 회사를 운영한 덕분에 미야자키 하야오의 만화 영화에는 비행기도 많이 등장해요. 그리고 그의 영화에서는 아이다운 순수함과 아름다운 자연환경도 많이 나오지만 인류가 위험에 처하고 멸망의 위기에 있는 어두운 모습도 많이 나와요. 지구를 사랑하고 자연을 지키자는 메시지를 담고 있는 것이지요.

미야자키 하야오는 2013년에 은퇴를 선언했지만 2017년 은퇴 선언을 번복하고 여전히 감동을 주는 만화 영화를 만들기 위해 노력하고 있답니다.

환상과 모험을 가장 자유롭게 즐길 수 있는 때가 바로 어린 시절이지요. 그게 바로 내가 어린 시절을 배경으로 한 만화 영화를 만드는 이유예요.

놀잇감인 레고를 만들어 낸 사업가

올레 키르크 크리스티안센 1891~1958

어린이만큼 아니 어린이보다 어른들이 더 좋아하는 장난감이 있을까요? 아마 여러분들도 대부분 보았거나 직접 가지고 놀았을 장난감, 바로 레고일 거예요.

레고는 한쪽은 볼록하게 튀어나오고 다른 쪽은 오목하게 홈이 파여 있어 서로 끼워 맞추는 블록 장난감이에요. 그렇게 여러 가지 모양의 블록을 맞추어 사람, 동물, 집, 거대한 성까지 다양한 것들을 만들 수 있지요.

레고를 만든 사람은 덴마크의 목수였던 올레 키르크 크리스티안센이에요. 오랫동안 나무로 물건을 만들어 온 그는 주문이 점점 줄자, 장난감 회사를 차려 나무로 장난감을 만들어 팔기 시작했어요.

어느 정도 자리가 잡히자 2년 후 크리스티안센은 회사 이름을 '레고'라고 지었어요. '레고(LEGO)'라는 이름은 덴마크어로 '잘 논다'라는 뜻인 'Leg Godt'의 줄임말이라고 해요.

레고는 맨 처음에는 나무로 만들었다가 나중에는 플라스틱 재질로도 만들게 되었어요. 그 형태도 다양하게 발전되었지요. 그 후 올레 키르크 크리스티안센과 함께 장난감 사업을 시작했던 아들 고트프레트가 레고 블록을 지금과 같은 모습으로 만들고 세트로 구성한 놀잇감을 개발했어요.

아이들이 레고 블록을 조립해서 다양한 모습의 사물들을 만들어 낸다는 점이 많은 부모들에게 인기를 끈 비결 중 하나예요.

목수 木手
나무를 다루어 집을 짓거나 물건을 만드는 일이 직업인 사람.
木 나무 **목**
手 손 **수**

회사 會社
상행위 또는 그 밖의 영리 행위를 위해 두 사람 이상이 설립한 사단 법인.
會 모일 **회**
社 모일 **사**

무언가를 조립하는 과정이 창의성과 상상력을 길러 주며, 손을 움직이는 행동을 통해 아이들의 뇌를 자극시키니까요.

레고는 이렇게 가족 회사로 커 나가 지금은 세계에서 여섯 번째로 큰 장난감 회사가 되었답니다.

영화를 만들고 상영한 발명가 형제
뤼미에르 형제
오귀스트 뤼미에르 1862~1954
루이 뤼미에르 1864~1948

우리나라 사람들이 가장 많이 하는 취미와 오락이 바로 영화 보는 것이라고 합니다. 요즘은 곳곳에 영화관이 많아 영화를 보는 것이 쉽고 편하며 돈도 많이 들지 않기 때문이지요.

영화라는 말은 이름 그대로 물체의 모습이 움직이는 그림이라는 뜻이에요. 옛날 사람들은 사진이나 그림을 여러 장 붙여 빨리 돌려서 마치 움직이는 모습처럼 보고 싶어 했어요. 사진사와 과학자들은 연속적으로 사진을 찍는 방법을 연구했지요. 그중에서 에디슨은 나무 상자 안에 전기 모터를 넣고 사진이 찍힌 필름을 돌돌 감아 빨리 돌리면 동영상이 보이게 만들었어요. 이것이 '키네토스코프'라고 불리는 기계였지요.

마침 사진사인 아버지를 도와 일하던 오귀스트 뤼미에르와 루이 뤼미에르 형제가 에디슨의 기계를 보게 되었어요. 더 나아가 뤼미에르 형제는 재봉틀을 보고 아이디어를 얻어 필름이 돌아가게 만드는 '시네마토그래프'라는 기계를 만들었지요.

취미 趣味
전문적으로 하는 것이 아니라 즐기기 위해 하는 일.
趣 뜻 **취**
味 맛, 기분, 취향 **미**

오락 娛樂
여러 가지 방법으로 재미있게 놀아서 기분을 즐겁게 하는 일.
娛 즐길 **오**
樂 즐길 **락(낙)**

◀ 시네마토그래프를 작동시키는 모습

에디슨의 기계는 한 사람씩 작은 구멍으로 동영상을 봐야 했어요. 그리고 부피가 커서 야외에서는 촬영하기 힘들었어요. 하지만 뤼미에르 형제가 만든 기계로는 많은 사람들이 함께 화면을 볼 수 있었어요. 이동이 가능한 크기였고, 전기가 없어도 수동으로 작동이 가능해 야외에서도 촬영이 가능했지요.

뤼미에르 형제는 직접 필름으로 움직이는 사진을 만들어 많은 사람 앞에서 상영했어요. 1895년 12월 28일 밤에 「기차의 도착」이라는 영화를 세계 최초로 대중들 앞에서 상영했지요. 화면에서 실제로 움직이는 기차를 보고 기차에 치일까 봐 놀라 도망가는 사람도 있었다고 해요. 뤼미에르 형제가 프랑스 파리의 카페에서 3분짜리 영화를 보여 준 12월 28일을 '영화 탄생의 날'로 기념하게 되었답니다.

그리고 영화 혹은 영화관을 뜻하는 '시네마'라는 말 역시 뤼미에르 형제의 기계, 시네마토그라프에서 따온 것이랍니다.

에어컨을 발명한 기술자이자 발명가

윌리스 캐리어 1876~1950

무더운 여름에 에어컨이 없다면 어떨까요? 사람뿐만 아니라 동물들도 정상적으로 살 수 없을 거예요. 싱가포르처럼 일 년 내내 더운 나라라면 사람이 살기 힘들어 지금처럼 도시 국가가 될 수 없었을지도 모르지요.

이렇게 에어컨은 사람들을 시원하고 쾌적한 환경에서 생활하고 일할 수 있게 해 줘요. 나아가서는 더위와 관련된 질병에서 목숨을 구해 주기도 하지요.

이런 고마운 에어컨을 만든 사람은 미국의 윌리스 캐리어랍니다. 뉴욕에서 태어난 캐리어는 대학에서 기계 공학을 전공했어요. 졸업 후에는 히터와 송풍기를 만드는 회사인 '버팔로 포지 컴퍼니'에서 일주일에 10달러를 받고 기술자로 일을 했어요.

어느 날, 회사의 고객이었던 인쇄소에서 도와 달라는 요청이 들어왔어요. 여름이면 온도와 습기가 높아 종이가 눅눅해져서 인쇄가 깨끗하게 되지 않는다고 해요. 그래서 캐리어에게 이 문제를 해결해 달라고 부탁한 것이지요.

캐리어는 연구 끝에 세계 최초로 온도와 습도를 조절하고 공기를 깨끗하게 하고 순환시키는 기계를 만들어 냈어요. 그것이 바로 에어컨이랍니다. 에어컨이 만들어진 해는 1902년이에요. 캐리어가 겨우 스물여섯 살 때의 일이라니 정말 놀랍지요.

캐리어는 서른아홉 살 때 회사에서 나와 자신의 이름을 딴 에어컨 회사를 세웠어요. 하지만 에어컨은 처음부터 인기를 끌지는

전공 專攻
어느 한 분야를 전문적으로 하는 연구.
專 오로지 **전**
攻 칠 **공**

회복 回復
일이나 건강 등을 나빠진 상태에서 다시 좋은 상태로 되돌리는 것.
回 돌아올 **회**
復 회복할 **복**

못했어요. 그 당시만 해도 에어컨을 필요로 하는 사람들이 많지 않았고, 세계 대공황으로 다들 형편이 어려웠거든요.

윌리스 캐리어가 1950년에 사망한 후 세계 경제는 조금씩 회복되었어요. 그리고 캐리어의 에어컨도 인기를 끌기 시작했어요. 지금은 가정, 가게, 공장, 비행기에까지 설치되지 않은 곳이 없는 필수품으로 자리 잡게 되었답니다.

꼬리를 무는 PLUS 인물

선풍기를 발명한 발명가
스카일러 휠러 1860~1923

여름이면 에어컨보다 먼저 등장하는 것이 바로 선풍기예요. 에어컨 없는 집은 있어도 선풍기 없는 집은 없을 거예요. 요즘은 날이 갈수록 날개 없는 선풍기, 손 선풍기 등 여러 가지 다양하고 발전된 선풍기들이 나오고 있어요.

선풍기를 맨 처음 만든 사람은 미국의 휠러로 알려져 있어요. 휠러는 1882년 스물두 살의 나이에 선풍기를 만들었어요. 휠러가 맨 처음 만든 선풍기는 날개가 두 개였고 책상에 올려놓을 수 있는 작은 크기였어요.

휠러의 선풍기에는 지금과 달리 돌아가는 선풍기 날개에 보호막이 없었기 때문에 굉장히 위험하기도 했어요. 실제로 손가락을 다친 사람도 많았다고 해요.

휠러의 선풍기는 부채에 비해 훨씬 시원하고 저절로 바람을 일으킨다는 점에서 매우 편리했어요. 하지만 선풍기 날개를 만드는 쇠가 워낙 구하기 힘들어서 선풍기 가격이 아주 비쌌어요. 그래서 선풍기는 부자들만 쓸 수 있었어요. 1920년대에 이르러, 철이 대량 생산되면서 선풍기 가격이 많이 내리자 그제야 일반 사람들도 사서 쓸 수 있게 되었지요.

휠러가 선풍기를 만들기 전에도 여러 방법으로 바람을 일으키는 선풍기들이 있었다고 해요. 하지만 이렇게 대중적으로 쓸 수 있는 전기 선풍기를 만든 사람은 휠러라고 다들 말한답니다.

우리나라에서는 1959년부터 선풍기를 생산했어요. 지금은 가정마다 선풍기를 가지고 있어요. 한집에 여러 대의 선풍기를 가지고 있기도 할 만큼 필수품이 되었지요.

학력과 가정 형편을 극복한 사람들

가진 것이 많고 많이 배운 사람이 꼭 성공하는 것은 아닙니다.

자신의 분야에서 노력과 열정으로 재능을 발휘한다면

학력과 가정 형편도 극복할 수 있기 때문이지요.

여기의 인물들은 자신이 가진 불행을 이겨 냈기 때문에

세상 사람들의 존경과 사랑을 받은

성공한 사람들로 다시 태어났답니다.

여성에게 편안한 아름다움을 준 패션 디자이너
가브리엘 샤넬 1883~1971

코코 샤넬이라고 불리는 가브리엘 샤넬은 세상에서 가장 널리 알려진 디자이너예요. 샤넬의 옷 스타일과 가방, 그의 이름을 딴 향수와 화장품까지 모두 유명한 패션계의 여왕이지요. 샤넬이라는 이름은 화려함과 패션의 대명사가 되었답니다.

하지만 샤넬은 태어날 때부터 불행했던 가엾은 여성이었어요. 샤넬은 프랑스 남서부 지방의 가난한 여인에게서 태어났어요. 그의 아버지는 바람둥이에다 일정한 직업도 없이 떠돌아다니는 사람이었지요. 샤넬의 엄마가 딸을 낳았지만 아버지는 가정을 지키지도 않고 핏덩이 아기를 두고 떠나 버렸어요.

샤넬의 어머니는 혼자의 몸으로 자식들을 키웠어요. 아이들을 키우면서 일을 하던 샤넬의 어머니는 그만 과로로 결핵이라는 병에 걸렸어요. 하지만 돈이 없어서 치료를 받을 수 없어 그만 젊은 나이에 세상을 떠났지요.

아내가 죽자 샤넬의 아버지는 아이들을 바로 수녀들이 운영하는 고아원에 보내 버렸어요. 샤넬은 얼굴도 제대로 보지 못한 아버지에게서 버림받고 열두 살부터 고아원에서 바느질을 배웠어요. 바느질이라도 해야 사회에 나가서 먹고살 수 있었거든요.

7년 동안의 고아원 생활을 마치고 나온 샤넬은 봉제 회사에 취직했어요. 하지만 월급이 너무 적어 밤에는 카페에서 노래를 부르며 가수로도 일했지요.

샤넬은 이렇게 비참하고 어렵게 살았지만 옷을 만드는 재주가

대명사 代名詞
어떤 속성을 대표적으로 나타내는 것을 비유적으로 하는 말.
代 대신할 대
名 이름 명
詞 말 사

의상실 衣裳室
여자의 양장을 만들고 파는 가게. 양장점.
衣 옷 의
裳 치마 상
室 집 실

있었고 과감한 아이디어도 있었어요. 샤넬은 처음에는 여성들의 모자를 파는 작은 의상실을 열었어요. 그러다 옷을 만드는 디자이너로 활동하게 되었지요.

샤넬은 여자들이 코르셋을 함께 입어야 했던 긴 드레스 대신 무릎 아래까지 오는 짧은 치마를 만들어 세상을 깜짝 놀라게 했어요. 무릎 아래 길이의 치마는 활동하기 편해서 많은 여성들의 사랑을 받았지요.

또한 여자들이 사회생활을 하기 시작하자 편리한 바지를 만들었어요. 또 여성들의 우아함을 강조한 샤넬만의 옷을 만들어 냈지요. 우아함에 활동성까지 갖춘 샤넬의 의상들은 전 세계적으로 큰 인기를 끌었고 그 어떤 옷보다 비싸게 팔리고 있어요.

자신의 불우한 삶을 이겨 내고 세계적인 패션 디자이너로 우뚝 선 샤넬은 아직도 많은 사람들의 사랑과 존경을 받고 있답니다.

정말로 고급스러운 스타일이라면 편해야 해. 편하지 않다면 고급스러운 게 아니야.

전기의 아버지라 불리는 물리학자이자 화학자

마이클 패러데이 1791~1867

여러분에게 빵 한 덩이가 있다면 얼마나 먹을 수 있나요? 아마 한 번에 다 먹어 버리는 친구들도 있고 두세 조각으로 나누어 먹는 친구도 있겠지요.

마이클 패러데이라는 소년은 집이 너무나 가난해서 일주일에 빵을 한 덩이밖에 먹을 수가 없었어요. 그래서 패러데이는 빵을 열네 조각으로 잘라서 일주일 동안 아침저녁으로 나누어 먹었지요.

학교를 제대로 다닐 수 없었던 패러데이는 열두 살 때부터 제본소에서 수습공으로 일했어요. 다행히 패러데이는 제본소에서 유명한 과학자들의 책을 많이 읽을 수 있었어요. 패러데이는 백과사전을 보면서 전기에 대한 실험 기구를 만들어 책에 나오는 실험을 해 보기도 했어요.

어느 날, 제본소 사장님이 패러데이에게 영국 왕립 연구소의 과학 공개 강좌 입장권을 주었어요. 패러데이는 험프리 데이비의 강의를 듣고 감명을 받아 과학에 대해 큰 열정을 품게 되었지요. 패러데이는 데이비에게 조수가 되고 싶다는 편지와 자신이 정리한 공책을 제본해 보냈어요. 그리고 얼마 후 데이비 교수의 실험실 조수가 되었지요. 패러데이는 허드렛일을 하며 적은 월급을 받고 왕립 연구소의 강연장에서 잠을 자며 과학에 대한 열정을 키워 나갔어요. 그리고 마침내 패러데이에게도 기회가 왔어요. 데이비 교수가 패러데이도 실험에 참가시킨 거예요. 패러데이는

제본소 製本所
종이를 묶어 책을 만드는 곳.
製 지을 제
本 책 본
所 곳 소

유도 誘導
전기장이나 자기장 속에 있는 물체가 그 전기장이나 자기장, 즉 전기·방사선·빛·열 따위의 영향을 받아 전기나 자기를 띠는 것.
誘 꾈 유
導 인도할 도

정식으로 과학을 배우지 못했기 때문에 똑같은 실험을 수백 수천 번 해 가며 이해했지요.

1831년, 왕립 학회에서 패러데이는 자석을 움직여 전류를 흐르게 하는 전자기 유도 현상을 증명

왕립 연구소에서 연구하는 패러데이

했어요. 그리고 자석으로 전기를 만드는 것을 이용한 다양한 방법을 생각해 냈어요. 전기를 이용한 그의 여러 가지 발명과 연구는 발전소의 발전기와 버스 카드 등 생활 속에서 많이 이용되고 있지요.

물리학 발전에 크게 공을 세운 패러데이를, 많은 사람들이 존경했어요. 영국 왕립 학회에서는 패러데이에게 영국의 과학자로서 오를 수 있는 최고의 자리인 영국 왕립 학회 회장을 맡아 달라고 했지만 거절했어요. 그뿐 아니라 왕립 연구소 소장 자리와 왕실 기사 작위도 자신은 자격이 없다며 거절했어요. 또한 특허권 제의도 모두 거절했으며, 뉴턴이 묻힌 웨스트민스터 대성당에 묘지를 정해 주자 그것마저 거절했답니다. 평범한 사람으로 남고 싶어 했거든요.

열정 많고 겸손한 그의 뛰어난 연구 덕분에 세상 사람들은 훨씬 더 편리한 세상에서 살고 있답니다.

몽골을 통일하고 유럽을 지배한 황제

칭기즈 칸 1162 추정~1227

세상에 알려진 땅의 절반 이상을 차지한 동양인, 서양 사람들을 공포에 몰아넣으며 벌벌 떨게 만든 인물은 누구일까요? 바로 몽골 제국의 왕인 칭기즈 칸이에요.

칭기즈 칸의 어릴 때 이름은 테무친이에요. 테무친이 태어날 무렵 몽골의 초원 지대는 여러 개의 씨족으로 나뉘어 있었지요. 테무친의 아버지는 다른 부족에게 독살을 당했어요. 힘이 없어진 테무친의 가족은 마을에서 곧 버려졌지요.

아버지를 잃고 초원에 버려진 테무친은 풀뿌리를 캐 먹고 들쥐를 잡아먹으며 살아야 했어요. 공부를 배워 본 적이 없어 자신의 이름도 쓸 줄 몰랐지요. 다른 부족에게 노예로 잡히기도 했지만 악착같이 탈출했어요. 열여섯 살에 부르테라는 여인과 결혼했지만 다른 부족이 아내를 납치해 가기도 했어요.

어린 시절 테무친은 가난과 굶주림 그리고 누가 자신을 죽일지도 모른다는 공포에 떨며 살아야 했어요. 살아남기 위해 오히려 더 강해지고 씩씩해져야 했지요. 테무친은 자신의 형제들을 포함해 자신을 도와줄 사람들을 모았어요. 그리고 전쟁에 나가서는 누구보다도 용감하게 싸웠어요.

테무친은 믿었던 옹 칸의 함정에 빠져 죽을 뻔한 적도 있었어요. 테무친과 함께 겨우 열아홉 명만 살아남아 흙탕물을 마셔 가며 옹 칸에게서 도망을 쳤지요.

수많은 어려움과 고통을 견디며 힘을 키운 테무친은 몽골의

정복 征服
남의 나라를 정벌하여 땅을 빼앗고 복종시킴.

征 칠 정
服 옷, 구역, 정복할 복

씨족 국가들을 모두 정복해서 하나의 국가로 통일했어요. 그리고 부족 간의 납치를 금지하고 몽골인을 노예로 삼는 것도 금지했지요. 그리고 자유롭게 종교를 믿게 했고 법의 원칙에 따르도록 했어요. 출신을 따지지 않고 정복한 곳의 유능한 사람들을 부하로 삼기도 했어요.

테무친은 끊임없이 정복 활동을 벌여 아시아는 물론 유럽까지 몽골의 땅으로 만들었어요. 말을 탄 그의 군대가 나타나면 이길 수 있는 것이 아무것도 없었을 정도로 세계 최고의 군사들이었지요.

테무친은 몽골 부족들에 의해 '칭기즈 칸'이라는 호칭을 받았는데 '칸'은 몽골족들의 최고 우두머리를 뜻한다고 해요.

칭기즈 칸은 가난하고 배운 것도 없고 비참한 삶을 살았지만 자신을 이겨 낼 때 진정한 칸이 된다고 말했답니다.

울란바토르 언덕에 새겨진 칭기즈 칸의 초상화

라듐을 발견한 물리학자이자 화학자

마리 퀴리 1867~1934

평생 한 번 타기도 어려운 노벨상을 두 번이나 타고 남편과 딸, 사위까지 모두 노벨상을 탄 대단한 과학자 집안이 있어요. 우리가 퀴리 부인이라고 부르는 마리 퀴리의 이야기입니다. 마리 퀴리는 폴로늄과 라듐 발견 그리고 방사능 연구로 노벨 물리학상과 노벨 화학상을 받았지요.

마리는 폴란드에서 나고 자랐어요. 당시에 폴란드는 러시아의 지배를 받고 있었기 때문에 학교에서 러시아어만 배우게 되어 있었지요. 가끔씩 학교에 러시아 장학관이 와서 검사를 할 때마다 일어서서 러시아어를 읽고 외우는 일을 마리가 도맡아 했어요. 마리가 학교에서 가장 공부를 잘했거든요. 마리는 그때마다 너무나 긴장해서 러시아 장학관이 가고 난 후에는 울음을 터뜨렸다고 해요.

경제적으로 너무 어려웠던 마리는 대학에 다닐 때 난방도 안 되고 수돗물도 나오지 않는 작은 다락방에서 살았어요. 먹을 것도 없고 가난해서 병에도 자주 걸렸지만 마리는 누구보다도 열심히 공부했어요.

마리는 프랑스인인 피에르 퀴리와 결혼해서 딸을 낳은 후에도 박사 과정을 공부했어요. 당시에 유럽의 모든 대학을 통틀어 박사 과정을 공부한 여성은 마리를 포함해 단 두 명이었다고 해요.

가난한 부부 과학자인 퀴리 부부는 버려진 헛간에 실험실을 꾸며야 했어요. 여름에는 덥고 겨울에는 실험 도구가 얼 정도로

지배 支配
어떤 사람이나 집단, 조직, 사물 등을 복종시켜 다스림.
支 지탱할 **지**
配 나눌 **배**

실험실 實驗室
실험에 필요한 장치와 설비를 갖춘 방.
實 열매, 실제로 행할 **실**
驗 시험 **험**
室 집 **실**

훈장 勳章
나라와 사회에 큰 공을 세운 사람에게 주는 휘장.
勳 공 **훈**
章 글 **장**

실험실에서의 퀴리 부부

추운 헛간이었지요. 난로에 석탄을 넣어 땔 때마다 독한 연기를 많이 마셔야 했어요. 노벨상을 타고 유명해지자 프랑스 정부에서는 훈장을 주려고 했어요. 하지만 퀴리 부부는 훈장을 거절하고 실험실 하나만 마련해 달라고 부탁했답니다.

　남편이 소르본 대학의 교수가 되어 형편이 나아지려 했는데 그만 피에르가 마차 사고로 세상을 떠나고 말았어요. 마리는 여덟 살, 두 살도 안 된 딸을 데리고 소르본 대학에서 남편 후임으로 연구와 강의를 해야 했어요.

　노벨상을 수상한 첫 번째 여성, 노벨상을 두 번이나 수상한 최초의 과학자이자 유일한 여성, 파리 소르본 대학의 첫 번째 여성 교수, 프랑스 국적의 영웅만 안장되는 판테온에 묻힌 첫 번째 여성 마리. 평생 힘든 시절을 보냈지만 마리 퀴리는 그가 이룬 업적뿐만 아니라 고난을 이겨 낸 열정과 의지에 많은 사람들의 존경을 받고 있답니다.

자동차 회사 '포드'를 만든 자동차의 왕

헨리 포드 1863~1947

옛날에는 자동차가 만들기 복잡하고 힘들어서 아주 비싸고 귀한 물건이었어요. 그래서 부자들만 자동차를 타고 다닐 수 있었지요. 하지만 지금은 길거리에 자동차가 넘쳐 나 길이 막힐 정도가 되었어요. 모두 헨리 포드 덕분이랍니다.

헨리 포드는 미국의 작은 시골 마을에서 농부의 아들로 태어났어요. 헨리 포드의 아버지는 아들도 자신의 뒤를 이어 당연히 농부가 될 줄 알았어요. 하지만 헨리는 농사일보다는 기계를 좋아했어요. 집에 있는 모든 자명종은 헨리가 다 분해를 해 놓아서 멀쩡한 것이 없었지요. 아들이 착실히 학교에 다니며 농사일을 배우길 바랐던 아버지는 기계를 만지작거리는 헨리를 늘 혼냈어요. 어머니가 세상을 떠나자 헨리는 그런 아버지가 싫어 결국 학교를 그만두고 집에서 뛰쳐나오고 말았지요.

단순화 單純化
단순하게 되거나 단순하게 함.
單 홑 **단**
純 순수할 **순**
化 될 **화**

컨베이어 벨트
conveyor belt
여러 생산 단계에서 무거운 물건을 운반하기 위해 만들어진 띠 모양의 기계.

부품 部品
기계의 어떤 부분에 쓰이는 물품.
部 떼 **부**
品 물건 **품**

분업화 分業化
분업 형태로 되거나 그렇게 되게 함.
分 나눌 **분**
業 업 **업**
化 될 **화**

컨베이어 벨트를 만들어 쉽게 부품을 조립할 수 있게 한 포드 시스템에서 일하는 사람들

열다섯 살의 나이에 기계공으로 취직한 헨리는 그곳에서 여러 가지 일을 배웠어요. 에디슨의 회사에서 기술자로 일하며 능력을 인정받았지요. 자신감을 얻은 헨리는 자신만의 자동차 회사를 만들게 되었어요.

헨리 포드는 부자가 아닌 일반 가정에도 자동차가 필요하다고 생각했어요. 그래서 값싸고 성능이 좋은 자동차를 만들기로 마음먹었지요.

포드는 자동차를 만드는 생산 과정을 단순화하고 컨베이어 벨트를 설치해 노동자들이 제자리에서 빠르게 부품을 조립하도록 했어요. 이것을 '포드 시스템'이라고 부르기도 해요.

헨리 포드는 학교도 제대로 다니지 못하고 기계 공학에 대해서도 전문적으로 배운 적이 없었어요. 하지만 공장에서 배운 기술과 자신의 아이디어로 대량 생산과 분업화라는 방식을 만들었지요. 자기가 맡은 부분에서 계속 똑같은 일을 하는 분업화는 다른 산업에도 큰 영향을 미치게 되었어요.

헨리 포드가 싸고 간단한 자동차를 만든 덕분에 이제는 많은 사람들이 자동차를 가지게 되었답니다.

헨리 포드의 첫 번째 차종인 포드 쿼드리사이클을 탄 헨리 포드 부부

60년 동안의 관찰과 연구로 곤충기를 써낸 곤충학자

장 앙리 파브르 1823~1915

여러분은 파브르의 『곤충기』를 읽어 본 적이 있나요? 곤충의 행동, 습성, 먹이, 생활을 자세하고 재미있게 써 놓은 책이랍니다. 이 책을 쓴 파브르는 곤충 연구의 1인자라고 할 수 있어요.

파브르는 프랑스 남부에서 가난한 농부의 아들로 태어났어요. 파브르의 부모는 너무 가난해서 세 식구가 먹을 음식도 없었지요. 그래서 파브르는 세 살 때 부모와 떨어져 일곱 살 때까지 할아버지, 할머니와 함께 살았어요.

파브르는 어렸을 때부터 냇가와 풀숲에서 혼자 놀았어요. 주로 나무와 풀에 숨어 있는 곤충들을 관찰하며 지냈지요.

파브르가 열 살 때 가족이 함께 도시로 이사했지만 여전히 가난해서 파브르도 일을 해야 했어요. 막노동을 하고 온갖 잡일을 했던 파브르는 밤이 되어서야 혼자서 책을 펴고 공부에 빠져들었어요.

그렇게 낮에 일하고 잠을 쪼개 가며 밤에 공부한 덕분에 학교 교사가 되는 시험에 1등으로 합격했어요. 그때가 열여섯 살 때였답니다.

2년 만에 졸업을 하고 중학교 교사가 된 파브르는 학생들을 가르치면서도 동물과 식물, 특히 곤충에 관심이 많았어요. 파브르가 근무하던 코르시카섬의 아작시오는 다른 곳에서는 보기 힘든 동식물들이 많아 관찰과 연구를 하기에 좋았거든요.

당시만 해도 곤충에 대해 연구하는 사람이 별로 없었고 연구

곤충 昆蟲
벌레를 통틀어 이르는 말.
昆 벌레 **곤**
蟲 벌레 **충**

해 놓은 책도 없었어요. 파브르가 곤충을 연구하는 모습을 본 사람들은 저렇게 쓸데없이 하찮은 곤충을 들여다보고 있다고 한심해하기도 했지요. 검은 모자를 쓰고 허름한 옷차림에 하루 종일 땅만 쳐다보고 곤충을 관찰하는 파브르를 미친 사람으로 여기는 사람들도 있었지요.

오랫동안 일했던 학교를 그만둔 후 파브르는 그동안의 관찰과 연구를 바탕으로 『곤충기』를 썼어요. 파브르의 『곤충기』는 그동안 세상 사람들이 알지 못했던 신비롭고 놀라운 곤충들의 세계를 알려 주었지요. 그리고 지금까지도 전 세계 사람들이 많이 읽는 고전이 되었답니다.

인류 역사상 가장 위대한 천재라 불리는 화가이자 과학자, 기술자

레오나르도 다 빈치 1452~1519

「모나리자」

여러분은 세상에서 가장 유명한 그림 중 하나인 「모나리자」를 잘 알 거예요. 모델인 모나리자의 신비로운 미소와 그림의 배경, 모델이 누구인지 정확히 알려지지 않아 그 신비로움이 더해지는 그림이지요.

이 그림을 그린 레오나르도 다 빈치는 인류 역사상 가장 뛰어난 천재라는 평가를 받고 있어요. 그가 그린 「모나리자」, 「최후의 만찬」, 「담비를 안고 있는 여인」 등은 미술사에 큰 영향을 끼쳤어요. 미술뿐만 아니라 그가 남긴 스케치에는 오늘날에야 볼 수 있는 낙하산, 비행기, 전차, 잠수함, 증기 기관 등의 그림도 남겨져 있어요. 무려 500년 전에 그린 것이었는데 말이에요. 마치 미래를 예측하는 사람처럼 과학과 의학에도 놀라운 지식과 상상력을 보였어요. 그의 그림과 발명품들은 르네상스 시대를 만든 최고의 걸작들이랍니다.

르네상스 Renaissance
14~16세기에 유럽에서 일어난 문화 운동. '학문과 예술의 부흥'이라는 뜻을 가진다.

걸작 傑作
매우 훌륭한 작품.
傑 뛰어날 **걸**
作 지을 **작**

공증인 公證人
법률적인 서류를 대신 써 주는 사람.
公 공평할 **공**
證 증거 **증**
人 사람 **인**

허비 虛費
헛되이 씀.
虛 빌 **허**
費 쓸 **비**

「최후의 만찬」

레오나르도 다 빈치는 1452년에 이탈리아의 작은 마을에서 태어났어요. 레오나르도의 아버지는 중류층의 공증인이었고 어머니는 가난한 집의 딸이었어요. 둘은 결혼도 하지 않은 채 레오나르도를 낳았어요. 그러고는 각자 다른 사람과 결혼했지요.

레오나르도는 부모에게서 버려져 할아버지와 삼촌 집에서 자랐어요. 당시에는 정식 결혼으로 낳은 자식이 아니면 아버지의 재산을 받을 수도 없고 직업도 마음대로 선택할 수가 없었다고 해요. 레오나르도 역시 아버지의 어떤 것도 물려받을 수 없었지요.

레오나르도의 아버지는 아들이 그림에 관심이 있는 것을 알고 피렌체에 있는 친구이자 화가인 베로키오에게 보냈어요. 레오나르도는 열네 살 때부터 베로키오의 화실에서 일하게 되지요. 그곳에서 처음에는 청소와 잔심부름과 붓을 씻는 일을 했어요. 그렇게 허드렛일을 하면서 그림을 배워 갔지요. 천재적인 재능이 있었던 레오나르도는 곧 스승을 앞지르는 솜씨를 보였고 세계적인 화가로 거듭나게 되었어요.

레오나르도 다 빈치는 수많은 업적을 남겼지만 세상을 떠날 때는 자신에게 주어진 시간을 허비했다는 말을 남겼다고 해요. 레오나르도가 남긴 어마어마한 양의 그림과 메모들은 지금도 많은 사람들에게 큰 영향을 끼치고 있어요.

레오나르도 다 빈치는 부모에게 버림받고 바닥 청소부터 시작했지만 자신의 능력을 갈고닦아 역사의 큰 위인으로 남았답니다.

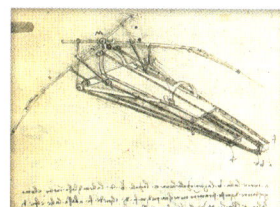
▲ 비행 기계 설계도

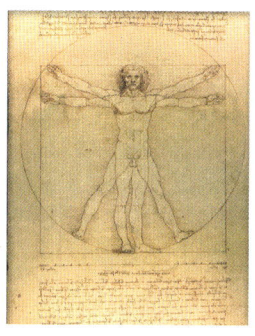
▲ 황금 비율인 1:1.618을 보이는 인체 비례도

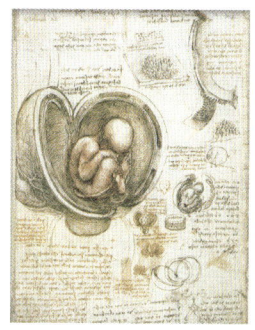
▲ 자궁 속의 태아 모습

희극 배우이자 감독, 영화 제작자

찰리 채플린 1889~1977

동그랗게 솟아오른 검은 모자, 지팡이, 콧수염, 우스꽝스럽게 옆으로 걷는 걸음걸이. 바로 영화배우 찰리 채플린의 모습입니다. 그는 수많은 흑백 영화에서 우습고 재미있는 표정으로 많은 사람들을 울고 웃게 만든 유명한 배우랍니다.

찰리 채플린은 뮤직홀 배우였던 어머니와 술주정뱅이 아버지 사이에서 태어났어요. 찰리의 어머니는 찰리가 어렸을 때 아버지와 이혼하고 형과 찰리를 데리고 살았지요.

어머니가 후두염으로 목소리를 잃어 노래할 수가 없게 되자 어린 찰리는 너무나 가난하게 살아야 했어요. 밥도 제대로 먹을 수가 없어 빈민 구호소에서 생활하기도 했어요. 어머니는 가난과 병을 못 이겨 정신 병원에 드나들었고 찰리 채플린은 고아와 다름없이 지냈지요.

찰리는 돈벌이를 위해 여덟 살 때부터 극단에 들어가 무대에 섰어요. 열네 살 때 「셜록 홈스」 등의 연극을 통해 관객들의 주목을 받은 후로 여러 극단을 거치며 희극 배우로서 이름을 알리게 되었지요.

찰리 채플린은 영화에서도 뛰어난 연기력으로 사람들의 마음을 사로잡았어요. 「시티 라이트」, 「모던 타임스」, 「위대한

뮤직홀 music hall
노래, 무용, 촌극, 곡예 등을 공연하는 장소.

극단 劇團
연극을 전문으로 공연하는 단체.
劇 놀이 극
團 모임 단

행복 幸福
충분히 만족하고 기뻐 흐뭇함.
幸 다행 행
福 복 복

▶ 영화 「방랑자」(1915)에서의 찰리 채플린

영화 「키드」(1921)에서의 찰리 채플린

독재자」와 같은 유명한 영화를 통해 할리우드 최고의 스타가 되었지요.

어린 시절 끔찍한 가난을 겪었지만 가난과 고통에서 벗어나기 위해 재미있는 표정으로 사람들을 웃기는 배우가 되어야 했던 찰리 채플린. 그는 자신의 이야기를 쓴 책에서 가난과 고통, 자신에게 온 불행한 일들이 결국은 행복을 가져다주었다고 얘기했어요.

자신이 겪은 불행들이 자신을 일으키는 연기력의 밑바탕이 되어 주었기 때문이지요. 그는 어려운 가정 형편을 이겨 내고 사람들에게 웃음과 행복을 주는 가장 멋진 배우로 기억될 것입니다.

▲ 영화 「모던 타임스」(1936) 포스터

영화 「위대한 독재자」(1940)에서 히틀러를 풍자하고 있는 찰리 채플린

팝의 황제라고 불리는 뛰어난 가수이자 음악가

마이클 잭슨 1958~2009

역대 팝 가수 중에서 뛰어난 노래 실력과 화려한 춤, 멋진 공연을 마이클 잭슨처럼 보여 준 가수는 없을 거예요. 마이클 잭슨이 만든 수많은 노래와 뮤직비디오와 유행시킨 화려한 춤은 그를 팝의 황제라 부르게 만들었지요.

마이클 잭슨은 미국 인디애나주의 가난한 흑인 집안에서 아홉 명의 자녀 중 일곱 번째로 태어났어요.

음악 활동을 했던 아버지는 자식들에게도 어렸을 때부터 음악을 시켰어요. 특히 그중에서도 마이클이 고운 목소리와 노래하는 재능이 있다는 것을 알고는 다섯 명의 아이들로 밴드를 만들었어요. 마이클은 '잭슨 파이브'라는 형제들의 밴드에서 가장 중심이 되어 노래를 했지요.

마이클 잭슨은 다섯 살 때부터 무대에 올라 노래를 불러야 했어요. 음반도 내고 여기저기 방송에도 쉬지 않고 나가야 했지요. 한창 부모 밑에서 어리광을 피우고 친구들, 형제들과 뛰어놀 나이였지만 아버지는 재능 많은 마이클을 내버려 두지 않았어요. 쉬지도 못하고 놀지도 못한 채 노래를 부르고 공연을 해야 했던 마이클 잭슨에게 어린 시절은 없었어요. 게다가 아버지는 어린 마이클을 훈련시킨다는 이유로 때리고 학대했지요.

마이클 잭슨이 노래하는 잭슨 파이브는 큰 인기를 얻었고 그룹 활동 중에도 혼자서 발표한 앨범이 크게 인기를 끌었어요. 그 후에 마이클은 혼자서 가수 생활을 하게 되고 자신이 직접 총감

학대 虐待
몹시 괴롭히거나 거칠게 대함.
虐 모질 **학**
待 대우할 **대**

전설 傳說
옛날부터 민간에서 전해 내려오는 이야기.
傳 전할 **전**
說 말씀 **설**

독하여 앨범을 만들었어요. 그가 발표하는 음반마다 최고의 인기를 끌었고 그중에는 기네스북에 가장 많이 팔린 앨범으로 기록된 것도 있어요.

최고의 스타가 된 마이클 잭슨은 번 돈으로 어린이를 위한 일을 많이 했어요. 어린이들을 위한 놀이공원을 만들고 가난한 아이들을 돕기도 했지요. 어린이들을 도우면서 자신의 어린 시절을 위로받고 싶어 했던 거지요.

어린이를 사랑했던 마이클 잭슨은 팝 가수의 전설이 되었고, 그가 만든 노래는 많은 사람들의 가슴에 영원히 남아 있을 것입니다.

마이클 잭슨을 포함해 다섯 형제로 구성된 잭슨 파이브

강철왕이라고 불리는 철강 회사 설립자이자 기업가

앤드루 카네기 1835~1919

스코틀랜드에서 태어난 카네기는 무척 가난했어요. 카네기가 열세 살 때 그의 가족은 돈을 벌기 위해 미국으로 이민을 왔지요. 카네기는 미국으로 오자마자 학교에 다니지 않고 돈을 벌어야 했어요. 카네기는 일주일에 1달러 20센트를 받고 공장에서 일했지요.

초등학교밖에 다니지 못했지만 카네기는 책 읽는 것을 좋아했어요. 하지만 책을 살 돈이 없어서 애를 태우던 카네기는 책을 많이 가지고 있던 앤더슨 대령을 만나게 되었어요. 무료로 책을 빌려주겠다는 앤더슨 대령의 안내문을 보았거든요. 카네기는 앤더슨 대령의 도움으로 낮에는 일을 하고 밤에는 그의 집에서 공짜로 책을 빌려 읽을 수 있었지요.

여기저기 공장을 옮겨 다니던 카네기는 전보 배달원으로 일하게 되었어요. 부지런하고 눈치가 빨랐던 카네기는 어깨 너머로 전보 치는 법을 익혔어요.

어느 날 전보 치는 사람이 나오지 않자 카네기는 그동안 익혀 둔 실력으로 담당자 대신 일을 잘 처리했어요. 덕분에 정식 전신 기사가 된 카네기는 평소 부지런한 그를 눈여겨본 철도 회사의 지부장에게 일자리를 제안받게 되었지요.

스무 살 때 아버지가 세상을 떠난 후 카네기는 집안의 가장이 되었어요. 부지런하고 똑똑했던 카네기는 철도 회사의 지부장으로 승진을 했어요. 그리고 착실하게 모은 돈으로 그 후 자신의

이민 移民
자기 나라를 떠나 다른 나라로 이주하는 일.
移 옮길 이
民 백성 민

전보 電報
전신을 이용한 통신이나 통보.
電 전기 전
報 알릴 보

승진 昇進
직위가 오름.
昇 오를 승
進 나아갈 진

은퇴 隱退
직장에서 물러나거나 사회 활동에서 손을 뗌.
隱 숨을 은
退 물러날 퇴

회사를 차려 사업에 뛰어들었지요.

그는 쇠를 만드는 철강 회사를 만들어 점점 크게 키워 나갔어요. 그의 사업은 나날이 잘 되었고 그는 강철왕이라는 별명을 얻을 정도로 철강 산업에서 최고의 위치까지 올라갔지요.

어마어마하게 많은 돈을 번 카네기는 은퇴한 이후에 그 돈을 모두 자선 사업에 썼어요. 가장 먼저 한 일은 미국의 전 지역에 도서관을 만드는 일이었지요. 자신의 어린 시절처럼 가난한 아이들도 책을 마음껏 읽게 해 주고 싶었거든요. 앤더슨 대령이 자신을 도와주었던 것처럼요. 그는 대부분의 재산을 학교를 세우는 등 교육 문화 사업을 위해 바쳤답니다.

꼬리를 무는 PLUS 인물

카네기 철강 회사를 물려받은 경영자
찰스 슈와브 1862~1939

앤드루 카네기가 일구어 놓은 철강 회사는 미국뿐만 아니라 전 세계적으로 큰 회사였고 회사의 재산도 어마어마했어요. 앤드루 카네기가 회사 직원인 찰스 슈와브에게 회사를 물려준다고 발표했을 때, 세상 사람들은 깜짝 놀랐어요. 찰스 슈와브는 초등학교만 졸업한 데다 카네기 철강 회사의 정원을 청소하는 청소부였어요. 그것도 정식 직원이 아닌 일용직 청소부였지요. 찰스 슈와브는 자기 회사도 아니고 돈을 더 주는 것도 아니었는데도 정원뿐 아니라 공장의 구석구석까지 깨끗하게 청소했어요. 누가 보지 않아도 시키는 사람이 없어도 말이에요.

성실한 찰스 슈와브의 모습을 본 사장 카네기는 그를 정식 사원으로 뽑았어요. 정식 직원이 된 찰스 슈와브는 청소부였을 때와 마찬가지로 부지런하고 정직하게 회사 일을 해 나갔지요.

카네기는 그런 찰스 슈와브가 믿음직스러워 자신의 비서로 임명했어요. 카네기의 비서가 된 찰스 슈와브는 친절하고 성실하게 비서의 일을 해 나갔어요.

결국 은퇴를 결심한 카네기는 찰스 슈와브에게 사장 자리를 내주었어요.

"자네의 성실함과 부지런함 그리고 강한 정신력이면 분명히 이 회사를 잘 키워 나갈 수 있을 걸세. 회사를 키우는 비결은 학력이나 전문성이 아니라 겸손하고 성실한 자네 같은 마음이면 되거든."

찰스 슈와브는 배운 것도 가진 것도 없었지만 꾸준한 성실함으로 미국에서 가장 큰 철강 회사의 사장이 되었답니다.

그는 "카네기의 몸처럼, 카네기의 그림자처럼."이라는 말을 남겼어요. 그만큼 자기가 주인인 것처럼 회사를 사랑하고 돌보라는 뜻이었다고 해요.

세계 어린이들이 사랑하는 동화 작가
아스트리드 린드그렌 1907~2002

여러분은 말괄량이 삐삐에 대한 책을 읽어 본 적이 있나요? 양 갈래로 땋은 빨간 머리에 얼굴은 주근깨투성이인 사고뭉치 소녀 삐삐 말이에요.

『삐삐 롱스타킹』이 나왔을 때 아이들은 무척 재미있어서 좋아했어요. 하지만 많은 어른들은 이 동화책을 못마땅해하고 아이들이 책을 읽지 못하게 하기도 했어요. 주인공 삐삐가 학교도 다니지 않고 부모도 없이 혼자 살며 너무나 엉뚱한 짓을 했기 때문이었지요. 하지만 지금은 전 세계 어린이가 읽는 아주 인기 있는 책이 되었답니다.

『삐삐 롱스타킹』을 쓴 동화 작가 아스트리드 린드그렌은 스웨덴에서 태어났어요. 아스트리드는 젊은 시절 신문사에서 일했어요. 그러다 열여덟 살에 편집장과 사랑에 빠져 아이를 가지게 되지요.

너무 어리고 돈도 없었던 아스트리드는 그 남자와 결혼하지 않고 덴마크로 가서 아이를 낳았어요. 미혼모가 된 아스트리드는 덴마크에서 아들 라세를 입양시키지요. 그리고는 스톡홀름에서 비서로 일하며 열심히 돈을 모았어요. 아들을 데려오기 위해서였지요.

아스트리드는 아들을 데려온 후에도 쉬지 않고 일을 했어요. 미혼모라는 사회적 편견과 일과 육아를 동시에 해야 했기 때문에 힘든 시간을 보내야 했어요.

입양 入養
혈연관계가 없는 사람들을 친부모와 친자 관계로 만드는 신분 행위.

入 들 **입**
養 기를 **양**

육아 育兒
어린아이를 기름.

育 기를 **육**
兒 아이 **아**

아스트리드는 직장에서 만난 남자와 결혼해서 딸 둘을 낳았어요. 『삐삐 롱스타킹』 이야기는 일곱 살 먹은 딸 카린이 아파서 침대에 누워 있을 때 나왔어요. 심심해하던 카린이 엄마에게 무작정 삐삐 롱스타킹 이야기를 해 달라고 졸랐거든요.

아스트리드는 삐삐 롱스타킹이 누구냐고도 묻지 않고 그 자리에서 삐삐의 이야기를 지어서 들려주었어요. 그리고 몇 년 후 발을 다쳐 누워 있을 때 지루함을 달래기 위해 전에 딸에게 들려주었던 이야기를 글로 써서 발표했어요.

아스트리드 린드그렌은 그 후로도 『사자왕 형제의 모험』, 『산적의 딸 로냐』, 『소년 탐정 칼레』 등 수많은 좋은 작품들을 많이 써냈어요. 아스트리드 린드그렌은 값진 상을 많이 받았고, 세계에서 가장 사랑받는 동화 작가 중 한 명이 되었답니다.

꼬리를 무는 PLUS 인물

해리 포터 신화를 만들어 낸 동화 작가
조앤 K. 롤링 1965~

　어린이, 아니 어른들도 해리 포터를 모르는 사람들은 없을 거예요. 전 세계에서 가장 인기 있는 동화 속 주인공일 테니까요. 해리 포터 이야기는 영화로도 만들어져 많이 알려져 있고 동화책에 나오는 마법 모자, 지팡이, 망토 등을 가지고 있는 사람들도 많답니다.

　전 세계적으로 해리 포터 열풍을 일으킨 사람은 작가인 조앤 K. 롤링입니다. 조앤 롤링은 어려서부터 책 읽고 글을 쓰는 것을 좋아했다고 해요. 동생에게 자신이 지은 이야기를 들려주기도 했지요.

　조앤은 포르투갈에서 교사로 일하다 결혼을 하고 딸을 낳았어요. 그러다 곧 이혼하고 영국으로 돌아왔지요. 하지만 직업도 없이 혼자 딸을 키워야 했던 조앤은 힘든 시간을 보냈어요. 정부에서 주는 적은 보조금으로 겨우겨우 살아야 했거든요. 아기에게 줄 분유가 없어 물을 타서 먹이기도 하고 자신은 쫄쫄 굶는 날도 많았어요.

　허름한 다락방에서 아기와 살았던 조앤은 집 근처 카페에서 글을 쓰기 시작했어요. 아기를 돌보면서도 돈을 벌 수 있는 무언가를 해야 했거든요. 그러다가 예전에 생각해 두었던 마법사 소년 해리 포터 이야기를 써서 여러 곳의 출판사에 보냈어요.

　하지만 열두 곳의 출판사에서 퇴짜를 맞았어요. 책을 한 번도 내 본 적이 없는 무명의 신인 작가였기 때문에 어떤 출판사도 쉽게 책을 내려고 하지 않았지요. 그러다 겨우 블룸즈버리라는 작은 출판사와 계약을 하게 되었어요.

　해리 포터 책은 전 세계적으로 엄청난 인기를 끌었고 작가인 조앤 롤링은 억만장자가 되었어요. 가난하고 힘들었지만 자신의 꿈을 잃지 않았던 조앤 롤링은 해리 포터와 함께 역사의 한 인물로 남게 될 것입니다.

발명으로 세상을 놀라게 한 사람들

세상에 없는 무언가를 만들어 낸다는 것은 무척 힘든 일입니다.
그 발명이 사람들을 돕거나 목숨을 구하는 것이라면
정말 놀랍고도 기쁜 일이지요.
사람들을 돕기 위해 만든 많은 발명품,
그것들은 어떻게 만들게 되었는지 알아볼까요?

청진기를 발명한 의사

르네 라에네크 1781~1826

감기에 걸려 병원에 가면 의사 선생님이 가장 먼저 하는 일은 무엇일까요? 바로 가슴에 청진기를 대고 진찰하는 일입니다. 가슴과 등에 청진기를 대고 기침을 하게 하거나 숨을 크게 쉬게 하지요. 청진기를 통해 몸속의 소리를 듣고 병을 진단할 수 있기 때문이에요.

모든 병원에서 쓰는 이 청진기를 발명한 사람은 르네 라에네크예요. 르네 라에네크는 1816년에 프랑스 파리 근처의 한 병원에서 의사로 일하고 있었지요.

어느 날 라에네크는 심장이 좋지 않은 여자 환자를 진료하게 되었어요. 그런데 여자 환자는 살집이 많은 통통한 체격이라 손으로 몸을 두드려 가슴에서 나는 소리를 듣기가 힘들었어요. 그

청진기 聽診器
환자의 몸 안에서 나는 소리를 듣는 의료 기구.
聽 들을 **청**
診 진찰할 **진**
器 도구 **기**

진단 診斷
의사가 환자의 병 상태를 진찰해 판단하는 일.
診 진찰할 **진**
斷 결단하다 **단**

진료 診療
의사가 환자를 진찰하고 치료하는 일.
診 진찰할 **진**
療 고칠 **료(요)**

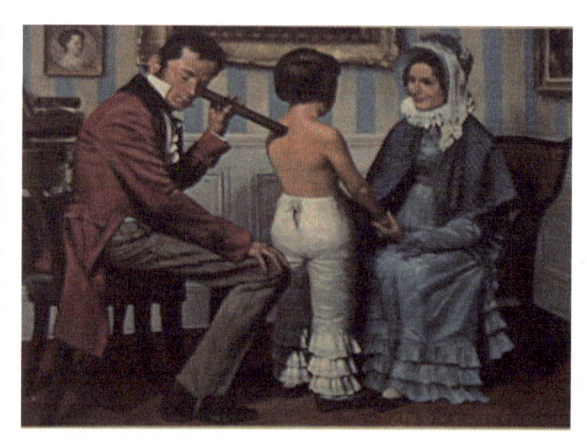

청진기로 환자를 진료하는 라에네크

렇다고 젊은 여성의 가슴에 귀를 대고 소리를 듣는 것은 실례였기 때문에 라에네크는 고민에 빠졌어요.

고민하던 라에네크에게 놀이터에서 놀던 아이들의 모습이 갑자기 떠올랐어요. 긴 나무 막대기의 한쪽 끝에 귀를 대고 반대편을 긁거나 두드려서 나는 소리를 듣는 모습이었지요. 라에네크는 종이를 길게 관 모양으로 돌돌 말아 한쪽 끝을 환자의 가슴에 대고 소리를 들었어요. 다행히 라에네크는 종이 관을 통해 심장 소리를 잘 들을 수 있었고 덕분에 환자를 잘 진료할 수 있었어요.

라에네크는 가슴이나 배 등의 다른 곳에서 나는 소리도 잘 들을 수 있겠다고 생각했어요. 그는 계속해서 여러 가지 모양과 크기의 청진기를 만들어 냈고 의사들은 너도나도 청진기를 사용하게 되었지요.

그 후 청진기는 긴 원통형에서 두 귀로 들을 수 있는 Y자형 청진기로 발전했어요.

라에네크 덕분에 의사들은 환자들을 더 잘 진찰할 수 있게 되었고, 이제 청진기는 의사를 상징하는 도구가 되었답니다.

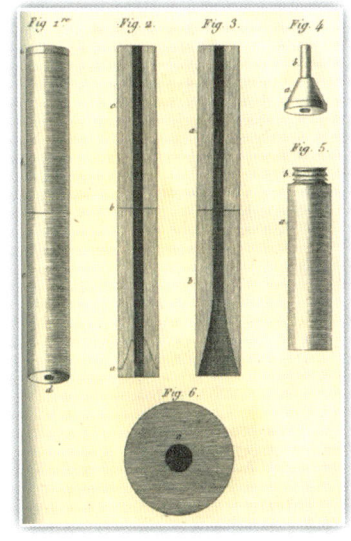

◀ 라에네크의 첫 청진기 스케치

문자를 기록할 수 있는 종이를 개발한 환관

채륜 50 추정~121 추정

중국의 4대 발명품을 알고 있나요? 바로 나침반, 화약, 인쇄술, 종이입니다. 인류 역사에 큰 영향을 끼친 발명품들이지요. 그중에서 종이는 중국의 채륜이라는 사람이 발명한 것으로 알려져 있어요.

후한 시대 사람인 채륜은 궁궐에서 환관으로 일했어요. 채륜은 왕을 모시면서 여러 자료를 보아야 했는데 대부분 대나무 조각을 엮은 죽간으로 되어 있었어요. 죽간으로 된 책들은 부피가 크고 무거워서 보관하기도 나르기도 힘들었지요. 그래서 채륜은 가볍고 사용하기 편한 종이를 만들기로 했지요.

채륜이 종이를 만들기 전에도 종이가 전혀 없었던 것은 아니라고 해요. 그 이전에도 삼베나 모시풀로 만든 종이가 있긴 했지만 비싼 데다 품질이 좋지 않아 별로 많이 사용하지 않았어요. 대부분 물건을 포장하는 포장지로 사용하는 데 그쳤지요. 그래서 채륜이 종이 발명가로 알려져 있긴 하지만 발명가라기보다는 문자를 기록할 수 있는 종이를 개발한 사람이라고 하는 것이 더 정확할 거예요.

채륜은 예전의 종이를 만드는 기술에다 자신의 아이디어를 보태 새로운 기술을 만들어 냈어요. 마 부스러기, 톱밥, 천, 고기잡이 그물 등을 잘게 간 다음 석회와 함께 물에 녹여 종이 죽을 만들었지요. 이 종이 죽을 발에 얇게 펴 발라 종이를 만들어 냈어요. 이때가 바로 105년이랍니다.

환관 宦官
궁궐에서 임금의 시중을 들거나 숙직 등을 하던 거세된 남자.
宦 벼슬 **환**
官 벼슬 **관**

대량 생산 大量生産
같은 제품을 많이 만들어 내는 일.
大 크다 **대**
量 헤아릴 **량(양)**
生 날 **생**
産 낳을 **산**

채륜이 만든 종이는 가볍고 가지고 다니기도 편했어요. 무엇보다도 만드는 데 비용이 적게 들었으며 대량 생산이 가능했어요. 당시의 사람들은 채륜이 만든 종이를 '채후지(채륜이 만든 종이)'라 부르며 아주 좋아했다고 해요.

　채륜의 종이 만드는 기술은 한국과 일본뿐만 아니라 서양에까지도 전해졌어요. 덕분에 인류의 교육, 문화, 예술이 더욱 발전할 수 있었답니다.

아스피린을 개발한 화학자
펠릭스 호프만 1868~1946

세계 많은 나라 사람들이 열이 나고 아플 때 먹는 가장 기본적인 약이 무엇일까요? 바로 아스피린입니다. 아스피린은 머리가 아플 때, 열을 내릴 때, 통증을 없앨 때 먹는 약이에요. 또한 심장과 혈관에 이상이 생기는 질병을 치료하는 대표적인 약이지요.

요즘에는 아스피린이 암과 치매의 예방에도 효과가 있다고 하는 사람들도 있어요. 많은 사람들이 아스피린을 만병통치약으로 여기고 있을 정도로 아스피린은 사람들의 병을 치료해 주는 약이 되었지요.

그렇다면 이 아스피린은 어떻게 만들어졌을까요? 아스피린은 버드나무의 껍질에서 빼낸 '살리실산'이라는 성분으로 만든 것이라고 해요. 이 버드나무 껍질에서 나온 물질로 약을 만든 사람은 독일의 펠릭스 호프만이라는 화학자입니다.

펠릭스 호프만은 대학에서 박사 학위를 받고 바이엘이라는 독일의 작은 제약 회사에서 연구원으로 일했어요. 펠릭스 호프만에게는 류머티즘성 관절염으로 고생하는 나이 든 아버지가 있었어요. 류머티즘성 관절염의 통증이 어찌나 심한지 호프만의 아버지는 편히 잠을 잘 수도 없었어요. 그런 아버지를 보는 호프만은 마음이 아팠어요. 그래서 아버지를 위한 약을 만들기로 결심했지요.

제약 회사에 다니던 화학자였기 때문에 몇 번의 연구 끝에 약

혈관 血管
혈액이 흐르는 관. 동맥, 정맥, 모세 혈관으로 나뉜다.
血 피 **혈**
管 대롱 **관**

질병 疾病
몸의 온갖 병.
疾 병 **질**
病 병 **병**

위장 胃腸
위와 창자.
胃 위장 **위**
腸 창자 **장**

을 개발할 수가 있었어요. 호프만은 위장 장애가 없으면서도 관절염에 효과적인 약을 개발해서 아버지에게 주었어요. 호프만의 아버지는 그 약을 먹고 몇 년 만에 처음으로 잠을 잘 잤을 정도로 효과를 보았다고 해요.

호프만이 아버지를 위해 만든 아스피린은 사람들에게 큰 인기를 끌었고 현재까지도 가장 사랑받는 약 중 하나가 되었답니다. 호프만의 아스피린을 팔았던 바이엘 제약 회사도 돈을 많이 벌어 큰 회사가 되었지요.

플라스틱을 만들어 낸 발명가
존 하이엇 1837~1920

돌을 사용했던 원시 **시대**를 석기 시대, 철을 사용했던 시대를 철기 시대라고 해요. 그럼 현재는 무엇을 사용하는 시대일까요? 많은 사람들이 현재를 '플라스틱 시대'라고 부른답니다. 플라스틱은 우리 주위를 둘러싼 가장 많은 물질이거든요. 여러분들이 쓰는 볼펜, 물통, 음식물을 담는 그릇, 장난감, 음료수 병 등 수많은 물건들이 플라스틱으로 만들어져 있지요.

플라스틱이 만들어진 이유는 바로 당구공 때문이라고 해요. 당구를 칠 때 쓰는 동그란 당구공을, 옛날에는 코끼리의 **상아**로 만들었어요. 그런데 코끼리의 상아는 너무 비싸고 귀했기 때문에 당구공을 만들기가 힘들었어요. 코끼리의 상아를 대신해서 당구공을 만들 수 있는 것을 찾기 위해 사람들이 고민했지요.

미국의 존 하이엇도 이런 사람 중에 하나였어요. 존 하이엇은 캠퍼팅크라고 부르는 피부약을 나이트로셀룰로스(질산 섬유소)에 넣으면 나이트로셀룰로스가 녹는다는 것을 알게 되어 새로운 제품을 만들었어요. 하이엇은 이것을 셀룰로이드라고 이름을 지었어요. 최초의 플라스틱인 거예요.

이 셀룰로이드는 열을 가하면 어떤 모양으로도 변하게 할 수 있고 식으면 상아처럼 아주 딱딱해졌어요. 하지만 셀룰로이드로 만든 당구공은 사용할 수가 없었어요. 셀룰로이드는 충격을 받으면 부서지기 쉬웠는데 당구공은 서로 부딪혀야 점수를 낼 수 있었거든요. 대신 셀룰로이드로 다른 많은 물건들을 만들 수 있었

시대 時代
역사적으로 어떤 표준에 의해 구분한 일정한 기간.
時 때 **시**
代 대신할 **대**

상아 象牙
한 쌍으로 위턱에 나서 입 밖으로 뿔처럼 길게 뻗어 있는 코끼리의 엄니.
象 코끼리 **상**
牙 어금니 **아**

어요.

　셀룰로이드에서 시작한 플라스틱은 점점 발전을 거듭했어요. 여러 성분을 섞기도 하고 다른 물질을 함께 넣기도 해서 그 성질이 여러 가지로 달라졌지요.

　지금의 플라스틱은 쉽게 깨지지 않고 가볍고 다루기 쉬운 데다 값도 싸서 많은 물건을 만드는 데 쓰이고 있어요. 휴대폰, 학용품, 도마, 그릇, 물병, 의자, 책상, 안경테, 비닐장갑 등 플라스틱은 우리 생활에 없어서는 안 되는 중요한 물건을 다 만들어 내게 되었답니다.

플라스틱은 선물일까요, 독일까요?

플라스틱은 현대인들의 삶을 편하게 해 주었지만, 큰 문제점도 많이 가지고 있어요.
첫째, 많은 플라스틱에서 환경 호르몬이 나와 사람들의 건강을 위협하게 되었어요. 플라스틱은 여러 가지 화학 제품을 혼합해서 만들기 때문에 거기서 나오는 나쁜 물질이 사용하는 사람들에게까지 전해질 수 있는 것이지요.
둘째, 플라스틱은 썩지 않아서 엄청난 쓰레기를 발생시켜요. 사람들이 쏟아 내는 수많은 플라스틱이 땅에 묻히기만 한다면 이 지구는 플라스틱 쓰레기통으로 변할 거예요. 그 피해는 우리의 자손들에게 돌아가겠지요.
셋째, 플라스틱은 생태계를 파괴시켜요. 우리가 버린 플라스틱이 강과 바다로 흘러가 많은 동물들이 플라스틱 물건을 먹이인 줄 알고 먹게 되지요. 그래서 수많은 새와 물고기, 동물들이 플라스틱 때문에 죽어 가요. 또한 치약이나 세제에 들어 있는 미세 플라스틱은 물고기나 동물들의 몸속에 쌓여 그 동물과 물고기를 먹는 인간의 몸속까지 들어오게 되지요.
그래서 요즘 사람들은 플라스틱 쓰지 않기 운동을 벌이고 있어요. 플라스틱 빨대나 일회용 컵을 쓰지 않도록 하고 플라스틱 포장이나 그릇도 사용하지 않으려고 노력하고 있지요.
인간의 삶을 편안하고 편리하게 해 주는 플라스틱 발명이 이제는 인류를 위협하는 무서운 발명품이 되고 있어요. 우리가 어떻게 현명하게 쓰느냐에 따라 존 하이엇의 플라스틱이 선물이 될 수도 있고 독이 될 수도 있겠지요.

당뇨병 환자들을 구원한 인슐린을 만든 의사
프레더릭 밴팅 1891~1941

캐나다의 소년 프레더릭은 자신의 친구인 크리스트가 매우 아프다는 사실을 알게 되었어요. 크리스트는 당뇨병이라는 무서운 병에 걸렸는데 치료 약이 없어 고통받고 있었지요.

당뇨병이란 말 그대로 소변에 당이 있다는 뜻인데 소변에서 단맛이 나는 병이에요. 당뇨병에 걸리면 힘이 없고 발이 썩어 가기도 하고 눈이 멀거나 죽을 수도 있는 무서운 병이지요.

프레더릭은 친구 크리스트를 위해서라도 꼭 당뇨병 치료 약을 만들기로 결심했어요. 세월이 흘러 의사가 된 프레더릭은 당뇨병 연구에 몰두했지요. 그동안 친구 크리스트는 병이 더 악화되어 서서히 죽어 가고 있었어요.

프레더릭은 그의 조수 베스트와 함께 개의 췌장에서 얻어 낸 물질을 당뇨병에 걸린 개에게 주사하며 연구를 계속했어요. 계속 실패했지만 끝까지 포기하지 않았지요. 마침내 92번째의 개가 낫는 것을 보고 프레더릭은 조수 베스트와 함께 기뻐했어요. 하지만 20일 만에 개가 죽어 버리자, 다른 방법을 연구했어요. 결국 프레더릭은 소의 췌장에서 나온 물질로 인슐린을 만들었고, 이것이 당뇨병을 치료하는 약이 되었지요.

인슐린 덕분에 많은 당뇨병 환자들이 죽음의 문턱에서 목숨을 건졌어요. 그중에는 프레더릭 밴팅의 친구인 크리스트와 영국의 국왕인 조지 5세도 있답니다.

1923년에 프레더릭 밴팅은 인슐린을 만들어 사람들의 목숨을

연구 研究
어떤 일이나 사물에 대해 깊이 조사하고 생각해 진리를 알아내는 일.

研 연구할 **연**
究 연구할 **구**

구한 공을 인정받아 1923년에 노벨 생리·의학상을 받게 되었어요. 하지만 프레더릭은 공동 수상자가 자신의 조수가 아닌 다른 사람으로 선정되자 무척 화를 냈다고 해요. 프레더릭은 노벨상을 타자마자 조수인 베스트와 상금을 반으로 나누어 가졌지요.

그 후로 인슐린에 대한 연구는 계속되었고 지금도 인슐린은 당뇨병 환자들에게는 기적의 약으로 불리고 있답니다.

나일론을 발명한 화학자

월리스 캐러더스 1896~1937

우리가 입는 점퍼, 바지, 모자, 스타킹, 가방의 대부분은 나일론으로 만들어져 있어요. 그럼 나일론이 없었을 때는 무엇으로 옷을 만들어 입었을까요?

동물의 털을 깎아 만든 양모 제품과 누에고치의 실로 만든 비단, 목화솜으로 만든 면, 대마에서 재료를 만들어 내는 마 제품이 있었어요. 하지만 이렇게 만든 옷들은 만들기도 보관하기도 세탁하기도 어려웠어요. 그리고 가격도 비쌌지요.

나일론은 현대인의 의복 생활에 가장 큰 변화와 발전을 가져다준 제품이라고 할 수 있어요. 이렇게 편하고 가볍고 가격도 싼 좋은 옷감을 만들어 낸 사람은 미국의 월리스 캐러더스입니다. 캐러더스는 몸이 약하고 가정 형편도 어려웠어요. 하지만 열심히 공부해서 박사 학위까지 받고 듀폰이라는 화학 회사에 들어가게 되었어요.

화학자인 캐러더스는 회사의 지원을 받아 여러 화학 제품을 만드는 연구를 했어요. 그러다 어느 날 폴리에스테르를 비커에 담아 막대로 휘저었는데 거기서 거미줄만큼 가는 실이 나오는 것을 보았어요. 캐러더스는 거기에 여러 화합물을 섞어 만드는 연구 끝에 나일론을 만들어 냈지요. 자연이 아닌 석유에서 재료를 얻은 화합물로 사람이 만들어 낸 최초의 옷감인 합성 섬유가 탄생한 것이랍니다.

듀폰 화학 회사는 캐러더스의 연구 결과를 가지고 옷감을 만

화학 化學
물질의 성질 및 변화, 구조 등을 연구하는 자연 과학.
化 될, 달라질 **화**
學 학문 **학**

화합물 化合物
둘 이상의 물질이 결합해 이루어진 물질.
化 될 **화**
合 합할 **합**
物 물건 **물**

들어 냈고 나일론은 대량 생산되었어요. 나일론으로 스타킹을 만들자, 미국의 여성들은 너도나도 나일론 스타킹을 사기 시작했어요. 얇고 신기 편하고 탄력성이 아주 좋아서 나일론 스타킹은 금세 인기 상품이 되었지요.

나일론은 화학 성분의 조합에 따라 여러 가지 성질의 합성 섬유를 만들어 낼 수 있어요. 그래서 사람들은 더 다양하고 튼튼하고 편리한 옷을 만들어 입을 수 있게 되었답니다.

천막 천으로 청바지를 발명한 사업가

리바이 스트라우스 1829~1902

　많은 사람들이 가장 편하게 즐겨 입는 바지는 어떤 것일까요? 어린아이부터 어른까지 가난한 사람이나 부자나 다양한 모양으로 입는 바지는 바로 청바지일 것입니다. 아마 청바지 한 벌쯤은 누구나 가지고 있을 거예요.

　그렇다면 유행에 상관없이 전 세계 많은 사람들이 입는 이 청바지를 만든 사람은 누구일까요? 바로 독일 사람인 리바이 스트라우스랍니다.

　리바이 스트라우스는 독일에서 미국으로 건너가 형들의 의류 사업을 도왔어요.

　그러다 20대가 되자 자신의 의류 사업을 시작했지요. 당시 미국에서는 금을 캐기 위해 아주 많은 사람들이 캘리포니아로 몰려들었어요. 스트라우스는 천막이나 포장마차 덮개용 천을 팔기 위해 캘리포니아로 떠났지요.

　어느 날 직원이 실수로 천막용으로 만들어진 질긴 천을 파란색으로 물을 들여 놓았어요. 천막용 천을 사기로 했던 사람은 파란색 천을 사지 않겠다고 했고 스트라우스에게는 많은 양의 파란색 천이 남게 되었어요. 큰 손해를 보게 된 스트라우스는 이 파란색 천으로 무엇을 할 수 있을까 곰곰이 생각했지요.

　그러던 스트라우스는 어느 날 광부들이 헤진 바지를 꿰매고 있는 모습을 보게 되었어요. 금을 캐러 온 광부들은 대부분 닳고 찢어져 너덜너덜한 바지를 입고 있었지요. 땅속에서 곡괭이로

유행 流行
복장이나 언어, 생활 양식 등이 일시적으로 널리 퍼지는 문화 현상.
流 흐를 **유(류)**
行 다닐 **행**

광부 鑛夫
광산에서 광물을 캐는 일이 직업인 사람.
鑛 쇳돌 **광**
夫 사내 **부**

흙을 파고 물가에 앉아 금과 흙덩이를 구분해야 했기 때문에 옷이 금방 찢어졌거든요.

스트라우스에게 좋은 생각이 떠올랐어요. 쌓여 있는 천막 천으로 바지를 만들기로 한 거예요. 광부들이 도구들을 담기 편하게 주머니도 만들었지요. 박음질도 튼튼하게 해서 쉽게 찢어지지 않게 했어요. 최초의 청바지는 이렇게 광부들을 위한 작업복으로 만들어졌답니다.

스트라우스의 청바지는 질기고 튼튼해서 점점 큰 인기를 끌었고 스트라우스는 자신의 청바지를 특허 신청 했답니다. 우리가 흔히 들어 알고 있는 '리바이스'라는 청바지 브랜드가 바로 리바이 스트라우스가 만든 청바지랍니다.

훈민정음을 창제한 조선 제4대 왕

세종 대왕 1397~1450

우리나라 역사상 가장 위대한 발명품은 무엇일까요? 우리나라 사람 모두가 사용하고 있고, 앞으로도 우리 후손들이 대대로 사용할 세상에 하나밖에 없는 발명품. 그것은 바로 세종 대왕이 만든 **훈민정음**, 즉 한글이지요.

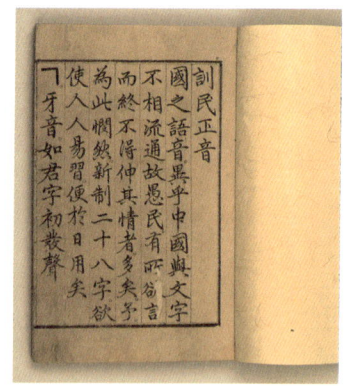

▲ 「훈민정음해례」(1446). 한글 창제의 취지와 한글 운용 방법을 한자로 설명한 책

이 세상에서 누가, 언제, 왜, 어떻게 만들었는지를 아는 글자는 딱 하나, 한글뿐입니다. 훈민정음을 **창제**한 세종 대왕은 해설 책인 『훈민정음해례본』을 만들어 그 내용들을 자세히 설명해 놓았거든요.

훈민정음은 세종 대왕이 어려운 한자를 읽지 못해 어려움을 겪는 일반 백성들을 위해 만들었기 때문에 배우기 아주 쉬운 글자입니다. 17개의 자음과 11개의 모음을 이용하면 세상의 모든 소리를 다양하게 표현할 수 있지요. 또 목구멍의 모양, 혀의 모양, 입술 모양 등 소리가 나는 기관의 모습과 하늘과 땅, 사람을 상징하는 우주 만물의 뜻이 들어 있는 글자랍니다.

언어학을 연구하는 세계의 학자들이 합리성, 독창성, 과학성을 따져 세상의 문자들에 순위를 매겼을 때 우리 한글이 1등을 차지했다고 해요. 무엇보다도 한글이 위대한 발명품인 것은 세종 대왕이 백성을 진정으로 아끼고 사랑하는 마음으로 중국의 것이

훈민정음 訓民正音
백성을 가르치는 바른 소리. 세종 대왕이 1443년 창제하고 1446년 반포한 28자로 된 우리 글.

訓 가르칠 **훈**
民 백성 **민**
正 바를 **정**
音 소리 **음**

창제 創製
전에 없던 것을 처음으로 만들거나 제정함.

創 시작할 **창**
製 지을 **제**

아닌 우리의 독창적인 문자로 만들었다는 점이에요.

중국을 섬기고 중국의 글자를 썼던 양반들 중에는 세종 대왕이 만든 문자를 반대하고 업신여기는 경우가 많았어요. 계속해서 세종 대왕에게 반대의 상소를 올렸지요. 게다가 세종 대왕은 지나친 연구 때문에 건강도 많이 나빠졌어요. 나중에는 눈이 거의 보이지 않을 정도까지 되었지요.

하지만 그 무엇도 세종 대왕의 한글에 대한 열망을 꺾을 수는 없었어요. 세종 대왕은 1446년 한글을 반포하고 널리 보급하였어요. 세종 대왕이 만든 위대한 글자인 한글 덕분에 우리는 세계에서 가장 뛰어난 글자를 가질 수 있게 되었고 누구보다도 쉽게 글을 읽을 수 있게 되었지요. 지금 대한민국의 모든 발전은 세종 대왕의 한글에 그 바탕을 두었다고 해도 과언이 아니랍니다.

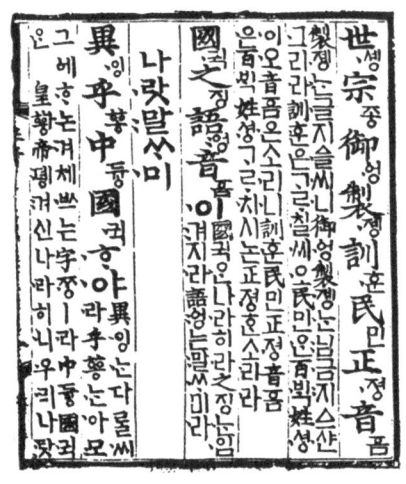

◀ 훈민정음 창제 후에 나온 불경 언해서인 『월인석보』(1459). 권 앞에 '훈민정음언해본'이 실려 있으며, 초기 한글의 변천을 살피는 데 귀중한 자료가 된다.

전화기를 발명한 과학자이자 발명가
알렉산더 그레이엄 벨 1847~1922

요즘 사람들 중에 전화기를 가지고 있지 않은 사람은 별로 없을 거예요. 어린이들도 휴대폰을 가지고 다니는 세상이니까요.

전화기는 현대인들에게는 없어서는 안 될 아주 중요한 물건이에요. 전화기가 없던 세상에서는 멀리 있는 사람들이 연락하기가 얼마나 어려웠을까 생각이 들 정도이지요.

이렇게 중요한 전화기를 발명한 사람은 알렉산더 그레이엄 벨이에요. 벨은 스코틀랜드에서 태어났어요. 가족과 함께 미국으로 건너와서 미국에서 생활했지요. 벨은 아버지를 이어 **농아** 학교를 운영했어요. 벨은 말을 하고 듣는 것을 어려워하는 아이들을 보면서 소리를 내는 방법에 대해 관심을 갖고 연구했지요.

벨은 사람이 하는 것처럼 기계로도 말소리를 내고 전달할 방법을 찾았어요. 소리가 진동판을 떨리게 하고 그것을 전류로 흘려 보내 소리로 바꾸는 방식의 전화기를 발명했던 거예요. 전화기를 발명하자마자 벨은 **특허** 신청을 했고 전화기를 발명한 사람으로 인정받게 되었어요. 그래서 많은 돈을 벌어 벨 전화 회사를 차

농아 聾啞
듣지 못하고 말하지 못하는 것. 또는 그런 사람.
聾 귀먹을 **농(롱)**
啞 벙어리 **아**

특허 特許
특정한 사람에게 새로운 특정한 권리를 주는 행정 행위.
特 특별할 **특**
許 허락할 **허**

영예 榮譽
영광스러운 명예.
榮 영화 **영**
譽 명예 **예**

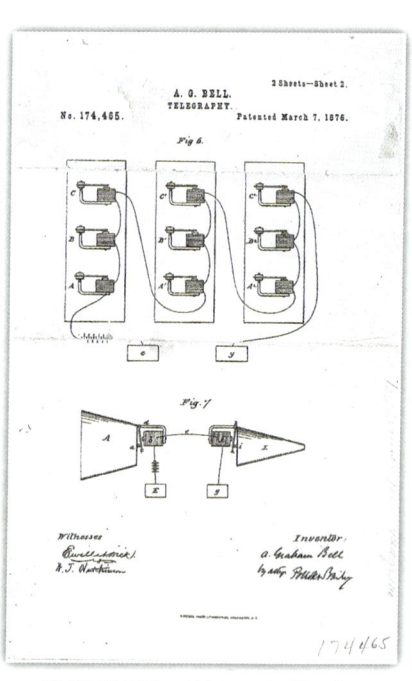

▲ 벨의 전화 특허 도면 (1876년 3월 7일)

렸고 벨 전화 회사는 그 후로도 땅속에 전화선을 설치하고 최초의 동전 전화기를 만들기도 했지요.

하지만 벨이 전화기를 만들던 그때 다른 많은 사람들도 전화기를 만들고 있었어요. 실제로 벨보다 먼저 전화기를 만든 사람도 있었고 특허를 몇 분 늦게 해서 전화기 발명이라는 영예를 놓친 사람도 있었지요. 그래서 벨과 그의 회사는 수백 가지의 소송에 휘말리기도 했어요.

전화기를 발명한 사람이라고 잘 알려져 있는 벨은 그 사실 여부와는 관계없이 전 세계 사람이 전화기를 쓸 수 있도록 큰 공을 세운 사람임에는 분명하답니다.

꼬리를 무는 PLUS 인물

뒤늦게야 인정받은 전화기 발명가
안토니오 메우치 1808~1889

　이탈리아의 피렌체에 살고 있던 안토니오 메우치는 아내와 함께 미국으로 건너와 양초 공장에서 일했어요. 안토니오 메우치는 무척 가난했지만 전기 장치의 사용에 관해 관심이 무척 많았답니다. 그래서 전기 장치를 이용한 의학 기구와 치료 방법을 연구하기도 했지요.

　안토니오 메우치의 아내는 지독한 류머티즘성 관절염에 걸려 바깥출입을 하기가 힘들었어요. 안토니오 메우치는 방 안에만 있어야 하는 아내와 자신의 작업실을 연결해 주는 무언가가 필요하다고 생각했어요. 안토니오 메우치는 전기 장치를 이용해 목소리를 전달할 방법을 연구하다 마침내 전화기를 발명했어요. 그때가 1854년이니까 알렉산더 그레이엄 벨이 특허 신청을 한 1876년보다 무려 22년 전이었어요.

　전화기를 발명한 안토니오 메우치는 그 길로 특허를 내기 위해 달려갔지만 영구적인 특허권을 신청하려면 250달러를 내야 했어요. 가난한 안토니오 메우치는 250달러가 없어 10달러를 내고 일시적인 특허를 신청했어요. 특허를 계속 유지하려면 매년 10달러씩 내야 했지요. 그러다 결국 내지 못할 때가 생겼어요.

　그러던 1876년에 벨이 전화기 특허 신청을 냈다는 소식을 듣게 되었어요. 전화기 발명이 자신의 것임을 증명하기 위해 재판을 신청했지만 안토니오 메우치는 돈이 하나도 없었어요. 음식을 살 돈도 없었던 안토니오 메우치는 그냥 전화 특허권을 벨에게 넘겨야 했답니다.

　안토니오 메우치는 가난하고 쓸쓸하게 죽어 갔고 벨은 최초의 전화기 발명자라는 영예를 얻었어요. 하지만 2002년 미국 의회에서는 안토니오 메우치를 전화기의 최초 발명가로 공식 인정하기로 했어요. 죽은 지 113년이 흐른 후에야 안토니오 메우치는 자신의 명예를 되찾게 되었답니다.

천연두 백신을 만들어 낸 의사
에드워드 제너 1749~1823

예전에 많은 사람들이 걸렸던 **천연두**는 치료 약이 없고 걸리기만 하면 대부분 죽기 때문에 하늘이 내린 벌이라고 불렀어요.

천연두에 걸리면 열이 나고 얼굴과 손발에 물집이 생기며 고름이 찬다고 해요. 그러다가 결국 죽게 되지요. 운이 좋아 살아남는다 해도 얼굴과 피부에 움푹 들어가는 '곰보 자국'이라고 부르는 흉한 흉터가 남게 되지요.

많은 사람들이 천연두의 치료법이나 예방법을 연구했지만 쉽지 않았어요. 천연두는 전염성도 강해 쉽게 옮았거든요.

영국에서 태어난 에드워드 제너는 열세 살 때부터 의사가 되기 위해 의사 밑에서 수습 학생으로 공부했어요. 열다섯 살이던 어느 날, 제너의 스승인 의사에게 농장에서 소젖을 짜는 여자가 찾아왔어요. 여자는 자신은 **우두**에 걸렸기 때문에 절대로 천연두에 걸리지 않는다고 자랑했지요. 우두란 암소가 걸리는 병으로 그 병에 걸린 소의 젖을 짜는 사람에게 잘 옮는 병이에요.

제너는 의사가 된 후 그 말을 기억하며 연구해 보기로 했어요. 제너는 우두에 걸린 농부에게서 얻은 우두 균을 자신의 정원사 아들에게 넣었어요. 소년에게서 우두 증세가 생겼지만 금방 회복되었어요. 그리고 한 달 넘게 기다렸다 다시 천연두 균을 정원사 아들에게 넣었지요. 그런데 정원사의 아들은 천연두에 걸리지 않았어요. 정원사의 아들 몸에 천연두를 이겨 낼 **항체**가 생긴 것이지요.

천연두 天然痘
천연두 바이러스가 일으키는 급성 전염병. 옛날에는 '마마'라고 불림.
天 하늘 **천**
然 그럴 **연**
痘 역질 **두**

우두 牛痘
천연두를 예방하기 위해 소에서 뽑은 면역 물질. 바이러스에 의한 소의 급성 전염성 질병을 이르기도 함.
牛 소 **우**
痘 역질 **두**

항체 抗體
항원의 침입에 대항해 생기는 물질. 병균을 죽이거나 몸에 면역성을 줌.
抗 겨룰 **항**
體 몸 **체**

제너는 너무나 기뻐하며 사람들에게 알렸지만 사람들은 별로 좋아하지 않았어요. 소의 병균을 사람의 몸속에 넣는다는 것을 받아들이기 힘들었거든요. 하지만 유럽 전역에 천연두가 유행하자 제너는 가난한 사람들에게 무료로 우두를 맞게 했어요.

우두 주사를 맞은 사람들이 천연두에 걸리지 않자 세계 여러 나라에서 국민들에게 의무적으로 우두 접종을 하게 했지요.

그 결과 1977년에는 천연두가 지구상에 완전히 없어지는 결과를 가져오게 되었어요. 제너 덕분에 인간의 노력으로 무서운 질병을 사라지게 만든 것이지요.

꼬리를 무는 PLUS 인물

조선의 아이들을 구한 의사
지석영 1855~1935

우리나라에서도 천연두는 사람들이 가장 무서워하는 병 중 하나였어요. 천연두가 전국적으로 유행해서 수많은 어린이들이 목숨을 잃기도 했지요. 운 좋게 살아남은 아이들은 얼굴에 옴폭 패인 흉터로 곰보라는 별명을 달고 살기도 했어요.

한국의 제너라 불리는 지석영은 1855년에 가난한 양반의 아들로 태어났어요. 너무 가난해서 서당에 보낼 수 없었던 지석영의 아버지는 친구인 한의사 박영선에게 지석영을 보냈어요. 지석영은 박영선에게서 한의학을 공부했지요.

지석영은 박영선이 일본에서 가져온 천연두 예방 접종에 대해 공부했어요. 그것으로 부족함을 느낀 지석영은 부산에 내려가 서양의 종두법을 알고 있는 사람들에게 여러 가지를 배우게 되었지요.

지석영은 장인을 설득해서 두 살 된 어린 처남에게 천연두 예방 접종을 하게 돼요. 그리고 그 마을 어린이들 40명에게도 예방 접종을 했지요. 우리나라에서 최초로 하는 천연두 예방 접종이었어요. 다행히 천연두 예방 접종을 한 아이들은 천연두에 걸리지 않았어요.

지석영은 많은 사람들에게 예방 접종을 하기 위해 지금으로 말하면 백신 약을 만드는 방법을 일본에 직접 가서 배워 오기도 했어요. 지석영의 천연두 예방 접종 덕분에 수많은 조선의 아이들이 목숨을 구할 수 있었답니다.

접종 接種
병의 예방, 치료 등을 위해 병원균이나 항독소, 항체 등을 사람이나 동물의 몸 안에 넣는 일.

接 이을 **접**
種 씨, 심을 **종**

종두법 種痘法
천연두를 예방하기 위해 우두를 사람의 피부에 접종하는 방법.

種 씨, 심을 **종**
痘 역질 **두**
法 법 **법**